墓標なき草原

哀しみの記憶

清水ともみ
原作 楊海英

WAC

墓標なき草原

哀しみの記憶

●目次

本書は、楊海英氏の『墓標なき草原　内モンゴルにおける文化大革命・虐殺の記録（上・下）』（岩波書店）に基づき、清水ともみ氏が描いたものです。第1話は『正論』(2022年4月号)、第2話は『正論』(2022年9月号)、第3話は『正論』(2023年7月号)、第4話は『正論』(2024年1月号）に掲載され、それぞれ若干の加筆・修正をしています。「モンゴリアンメッセージ2020」は描き下ろしです。

第1話 〝赤い息子〟たち
―ウラーンフーの物語―

「中国の人の言葉は甘く 絹《きぬ》のように柔らかい
その甘い言葉を信じれば 死に至《いた》る」
モンゴル高原 ホショー・チャイダム
オルホン碑文《ひぶん》（八世紀）

内モンゴルに
風が鳴《な》る

私たちの無念《むねん》を
聞いてくれと

モンゴル人の血に沈《しず》み
沙漠《さばく》と化した
美しき草原よ

民族の魂《たましい》が
殺戮《さつりく》の原野《げんや》を彷徨《さまよ》い

今日も
沙《すな》混《ま》じりの風が
頬《ほお》を叩《たた》く

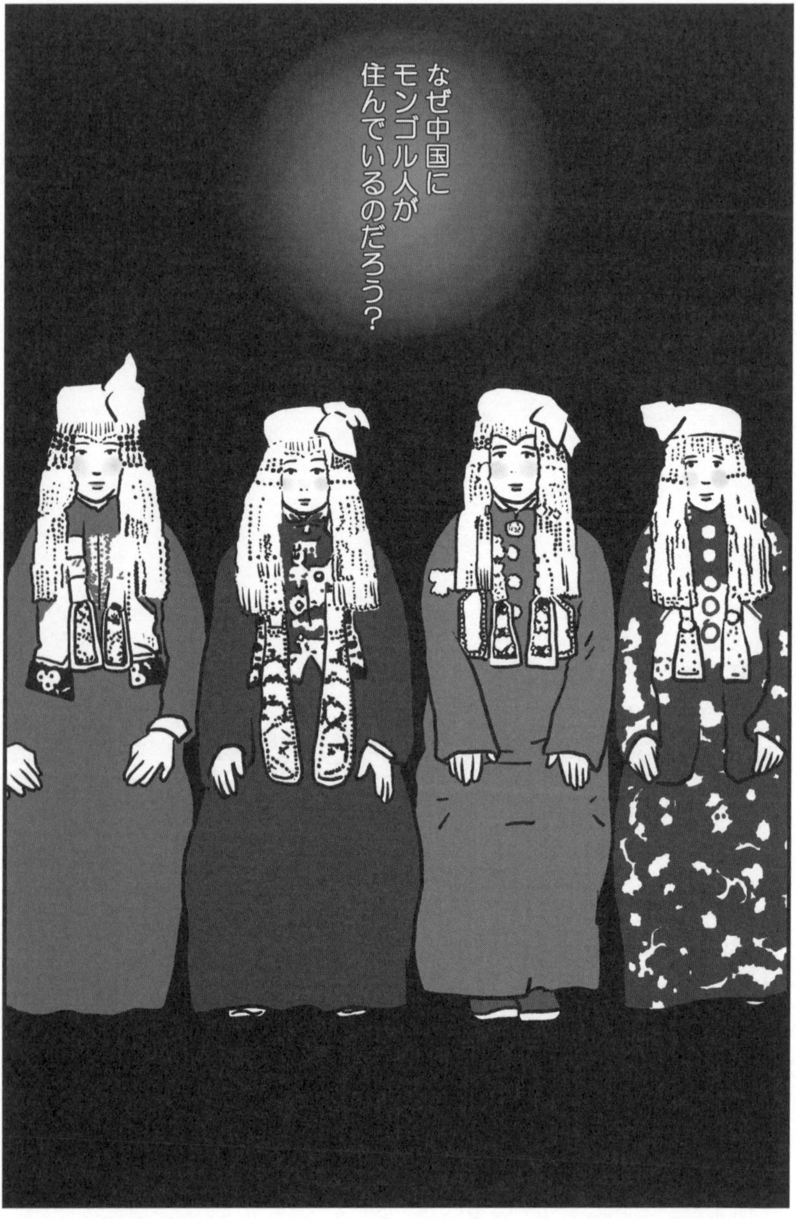
なぜ中国に
モンゴル人が
住んでいるのだろう？

十三世紀
ユーラシア大陸を
支配していた
モンゴル帝国《ていこく》
13世紀前半
13世紀後半
その覇者《はしゃ》は
チンギス・ハーン
当時
中国は元朝《げんちょう》と
呼ばれており
モンゴル帝国の
一属国《ぞっこく》であった

その後満洲人《まんしゅうじん》の清朝《しんちょう》のもとで
騎馬兵《きばへい》として生き
モンゴル人が住む土地は内モンゴルと呼ばれるようになった
北からはロシアの介入《かいにゅう》
南からは漢民族《かんみんぞく》の侵入《しんにゅう》
草原は常に脅威《きょうい》の間《はざま》にあった

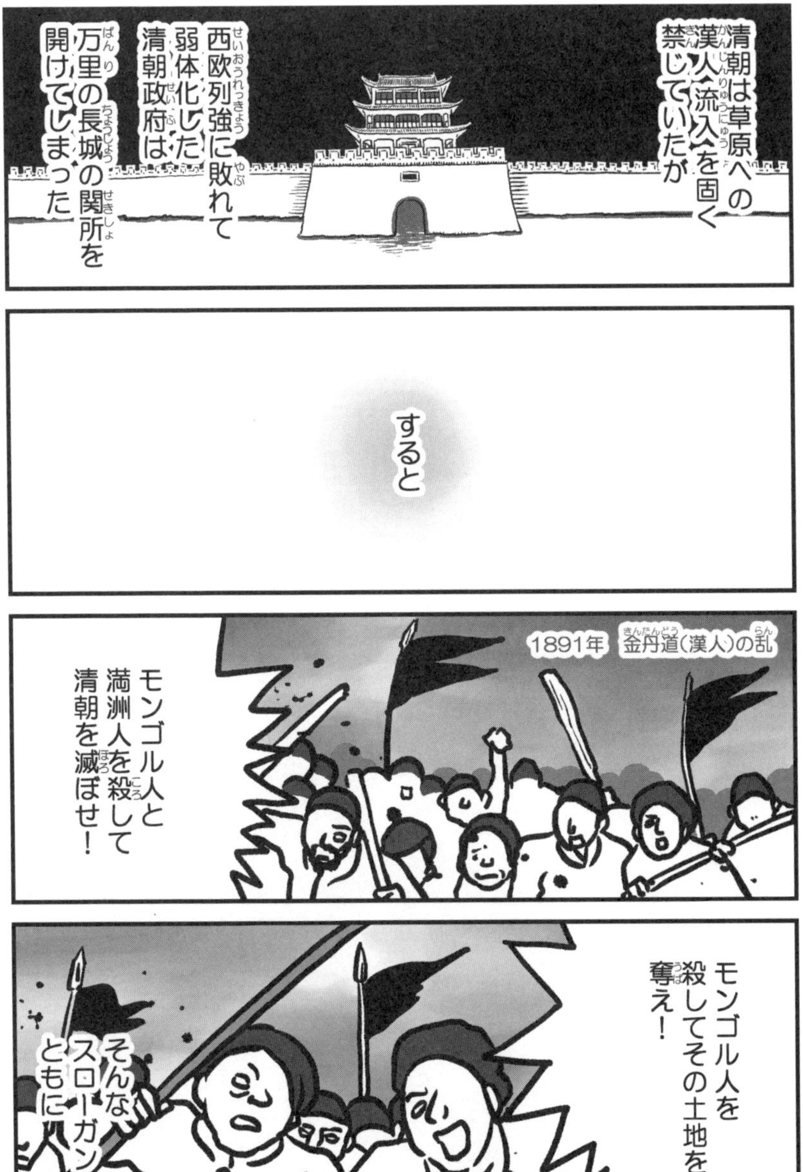
清朝は草原への漢人《かんじん》流入《りゅうにゅう》を固く禁《きん》じていたが
西欧列強《せいおうれっきょう》に敗《やぶ》れて弱体化した清朝政府《せいふ》は万里《ばんり》の長城《ちょうじょう》の関所《せきしょ》を開けてしまった
すると
1891年 金丹道《きんたんどう》（漢人）の乱《らん》
モンゴル人と満洲人を殺《ころ》して清朝を滅《ほろ》ぼせ！
モンゴル人を殺してその土地を奪《うば》え！
そんなスローガンとともに

内モンゴル各地で虐殺《ぎゃくさつ》が相次《あいつ》いだ
暴力をふるえば遊牧民であるモンゴル人から
簡単《かんたん》に土地が奪《うば》えた
漢人にとっていつしか虐殺は裕福《ゆうふく》になるための手段《しゅだん》になっていた

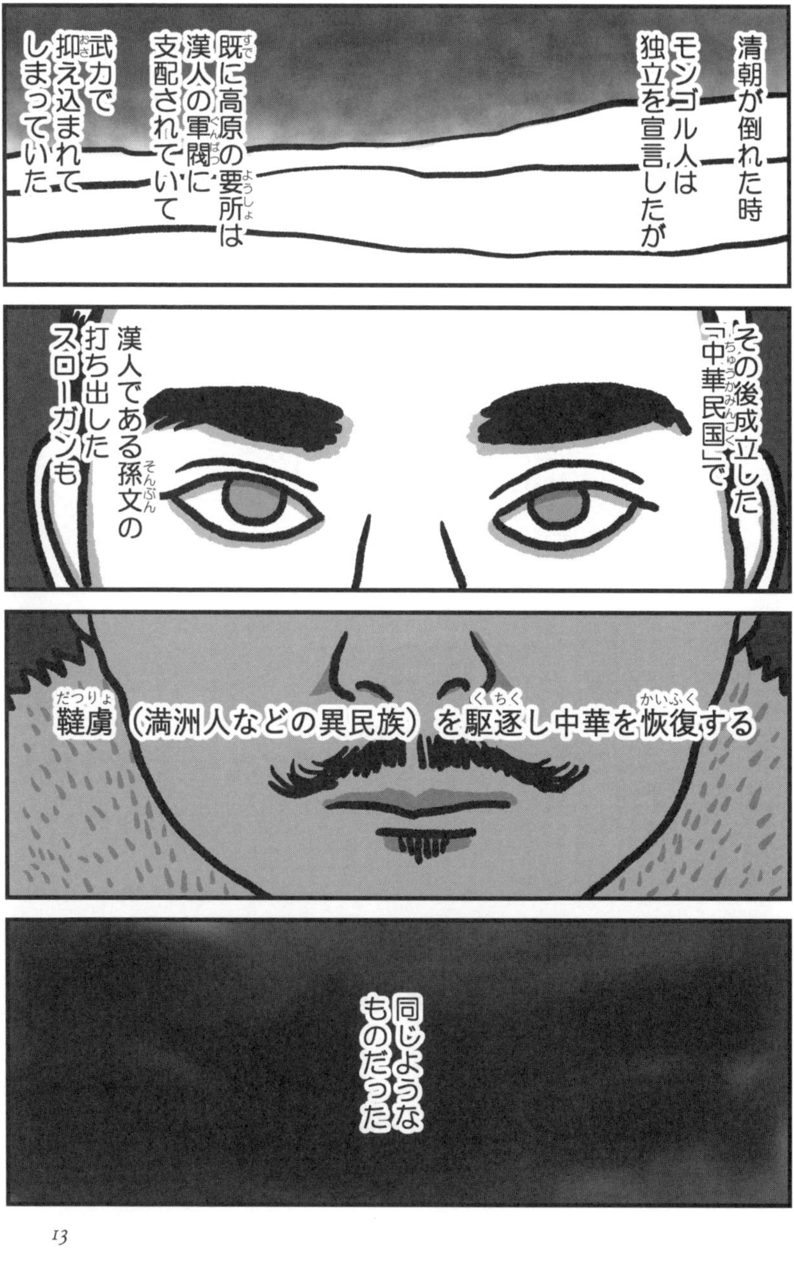
清朝が倒れた時
モンゴル人は独立を宣言したが
既《すで》に高原の要所《ようしょ》は漢人の軍閥《ぐんばつ》に支配されていて
武力で抑《おさ》え込まれてしまっていた
その後成立した「中華民国《ちゅうかみんこく》」で
漢人である孫文《そんぶん》の打ち出したスローガンも
韃虜《だつりょ》（満洲人などの異民族）を駆逐《くちく》し中華を恢復《かいふく》する
同じようなものだった

強く
ならなければ
民族を
守るために

おのずと
「内モンゴル人民革命党《じんみんかくめいとう》」など
外モンゴルとの統一《とういつ》や独立を模索《もさく》する組織《そしき》が生まれる
その成立大会に参加していた十九歳の青年がいた
ウラーンフー（当時は雲澤《ユンゼ》）
のちの中国共産党内モンゴル自治区の指導者《しどうしゃ》だ

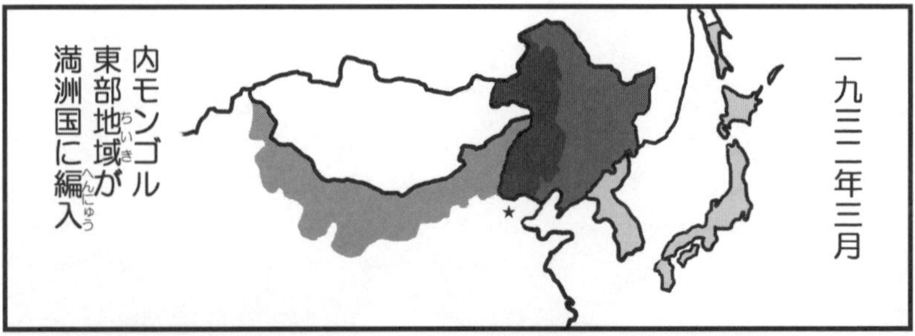
一九三二年三月
内モンゴル
東部地域《ちいき》が
満洲国に編入《へんにゅう》

日本の統治《とうち》は
漢人の侵略《しんりゃく》を防《ふせ》いだ

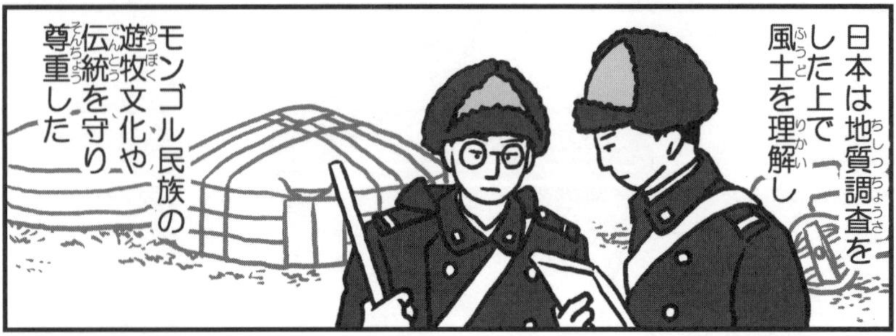
日本は地質調査《ちしつちょうさ》を
した上で
風土《ふうど》を理解《りかい》し
モンゴル民族の
遊牧《ゆうぼく》文化や
伝統《でんとう》を守り
尊重《そんちょう》した

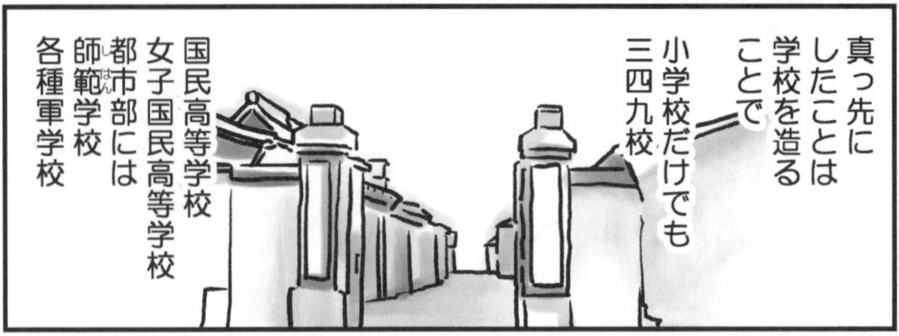
真っ先に
したことは
学校を造る
ことで
小学校だけでも
三四九校
国民高等学校
女子国民高等学校
都市部には
師範《しはん》学校
各種軍学校

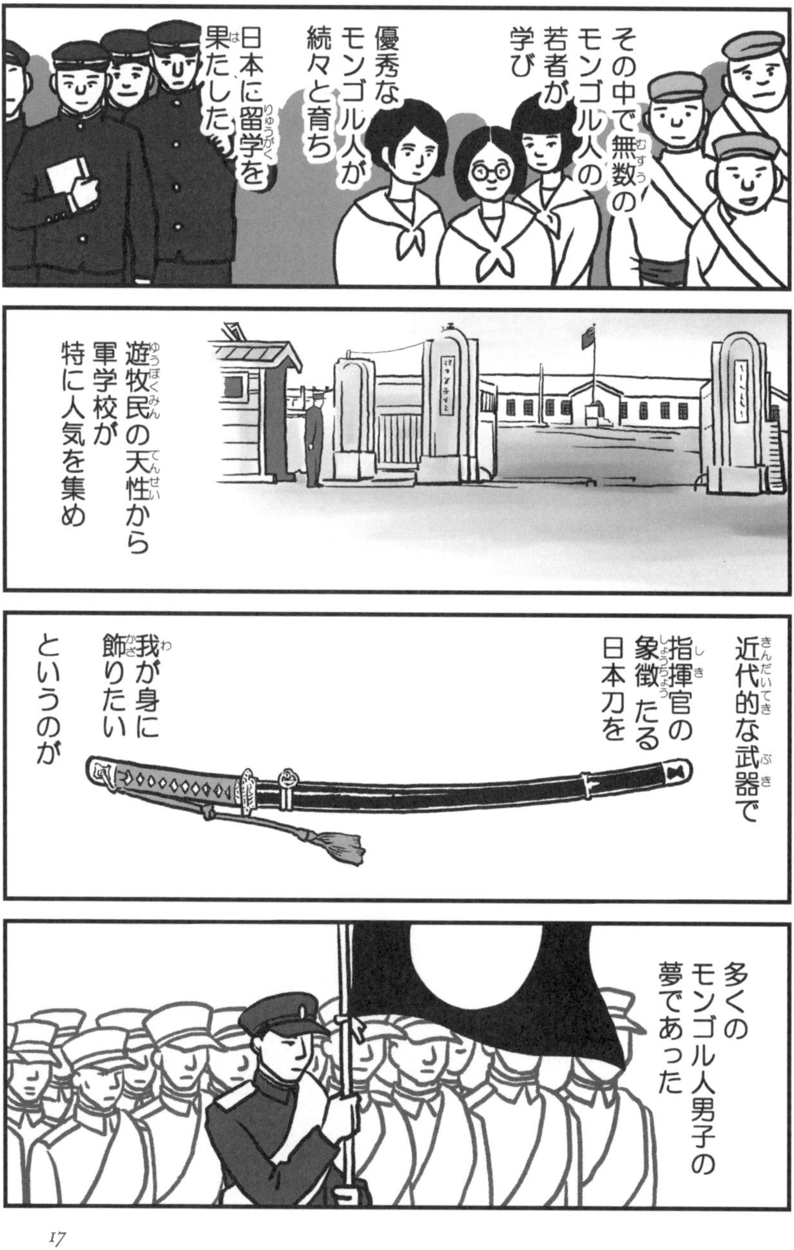
その中で無数《むすう》の
モンゴル人の
若者が
学び
優秀な
モンゴル人が
続々と育ち
日本に留学《りゅうがく》を
果《は》たした
遊牧民《ゆうぼくみん》の天性《てんせい》から
軍学校が
特に人気を集め
近代的《きんだいてき》な武器《ぶき》で
指揮《しき》官の
象徴《しょうちょう》たる
日本刀を
我《わ》が身に
飾《かざ》りたい
というのが
多くの
モンゴル人男子の
夢であった

そして
近代国家《きんだいこっか》日本の
力を借《か》りて
独立《どくりつ》しようと
協力して
※モンゴル人による
政府をつくった
徳王
全《すべ》ては
中国から
独立する
ために
強く
三カ国語を
操《あやつ》り
教養《きょうよう》豊かな彼らは
漢人たちから
蔑《さげす》みや嫉妬《しっと》混《ま》じりに
こう呼ばれた

※蒙古聯合自治政府《もうこれんごうじちせいふ》を成立させた後、蒙古聯合自治邦《もうこれんごうじちほう》という国になった

〝日本刀を
ぶら下げた連中〟

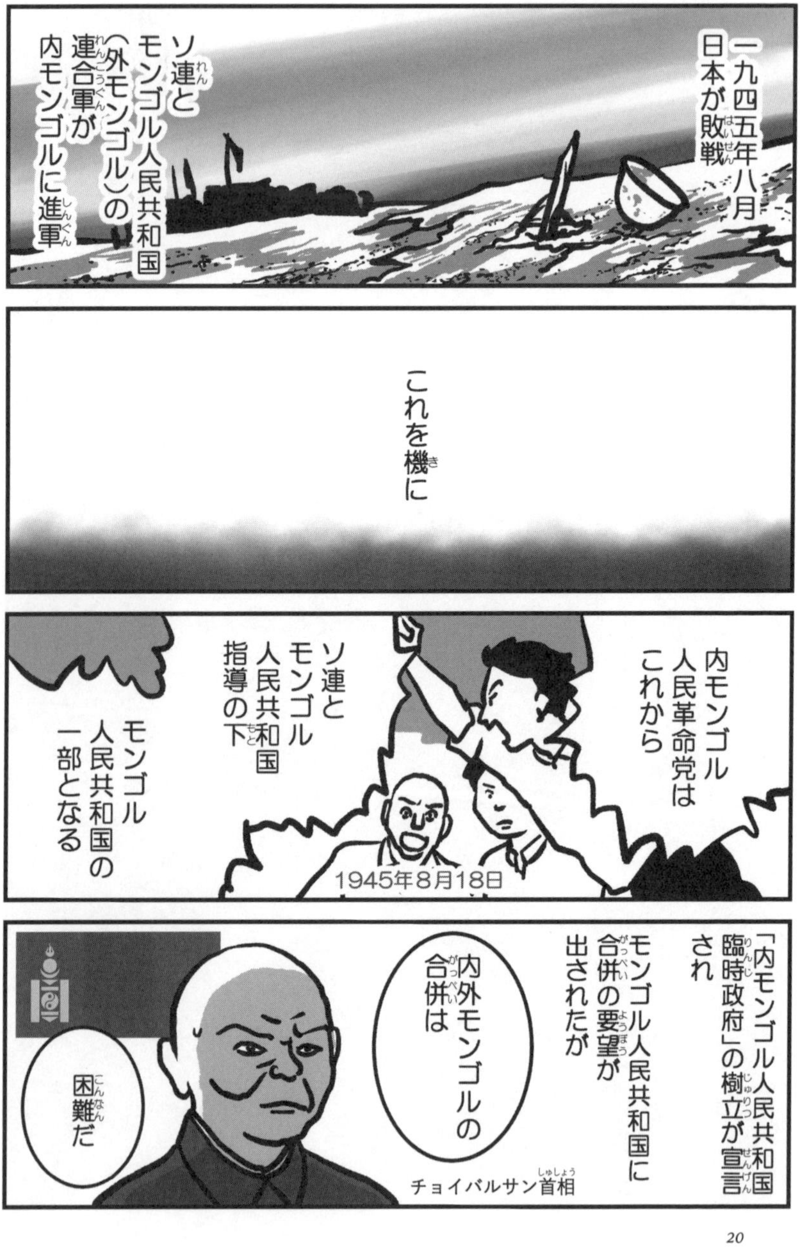
一九四五年八月
日本が敗戦《はいせん》
ソ連《れん》と
モンゴル人民共和国
（外モンゴル）の
連合軍《れんごうぐん》が
内モンゴルに進軍《しんぐん》
これを機《き》に
内モンゴル
人民革命党は
これから
ソ連と
モンゴル
人民共和国
指導の下《もと》
モンゴル
人民共和国の
一部となる
1945年8月18日
「内モンゴル人民共和国
臨時政府《りんじせいふ》」の樹立《じゅりつ》が宣言《せんげん》
され
モンゴル人民共和国に
合併《がっぺい》の要望《ようぼう》が
出されたが
内外モンゴルの
合併《がっぺい》は
困難《こんなん》だ
チョイバルサン首相《しゅしょう》

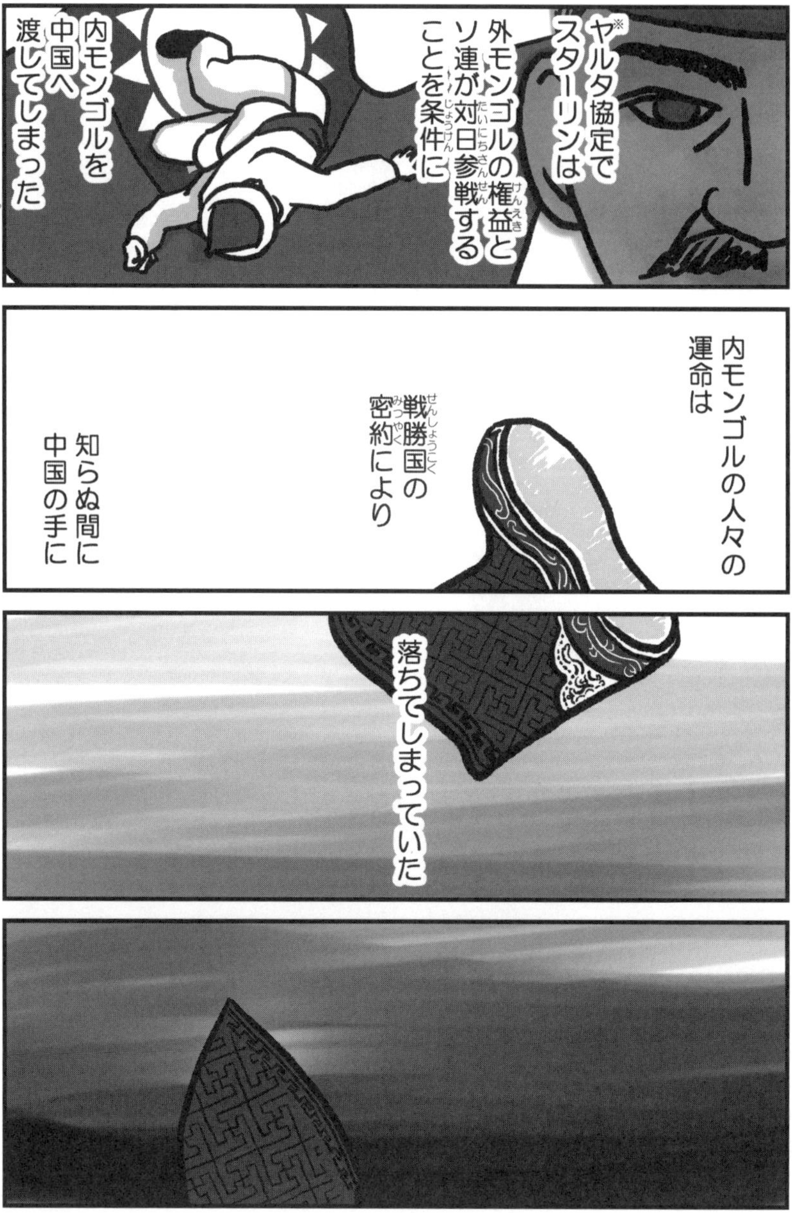
※ヤルタ協定で
スターリンは
外モンゴルの権益《けんえき》と
ソ連が対日参戦《たいにちさんせん》する
ことを条件《じょうけん》に
内モンゴルを
中国へ
渡してしまった
内モンゴルの人々の
運命は
戦勝国《せんしょうこく》の
密約《みつやく》により
知らぬ間に
中国の手に
落ちてしまっていた

※戦後の国際社会の枠《わく》組みを米英ソで決めた密約

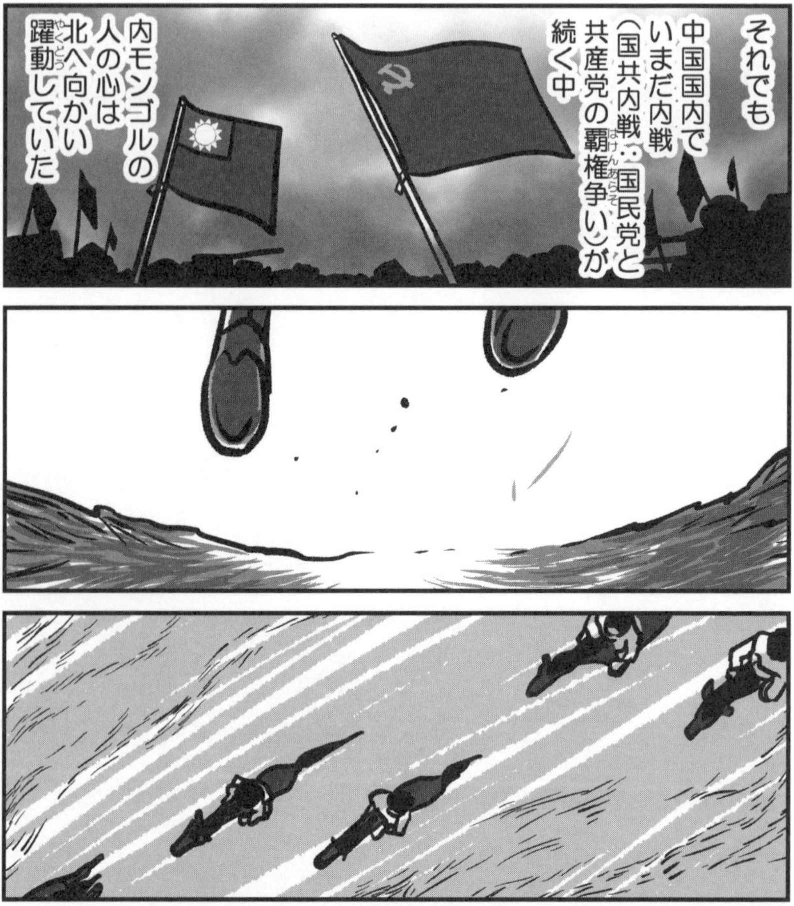
それでも
中国国内で
いまだ内戦
（国共内戦：国民党と
共産党の覇権《はけん》争《あらそ》い）が
続く中
内モンゴルの
人の心は
北へ向かい
躍動《やくどう》していた

統一《とういつ》だ！
外モンゴルと
ひとつになるぞ！
内モンゴル人民共和国臨時《りんじ》政府や
東モンゴル人民自治政府が
軍隊を所有《しょゆう》し
具体的に統一への歩みを進めていたが
結局それはかなわなかった

その裏には
あの
ウラーンフー
（雲澤）がいた
それらの組織を
乗っ取ったり
屈辱《くつじょく》的な
解散《かいさん》に追い込み
自分の組織[※1]に
吸収《きゅうしゅう》した
我々が進む
道にはまだ
いくつもの
妨《さまた》げがある！
大漢族[※2]
主義と
ファシズム[※3]の残党《ざんとう》と
反民主勢力だ！

※1 内モンゴル自治運動聯合《れんごう》会　※2 漢民族の文化を中心と考える思想　※3 全体主義や軍国主義

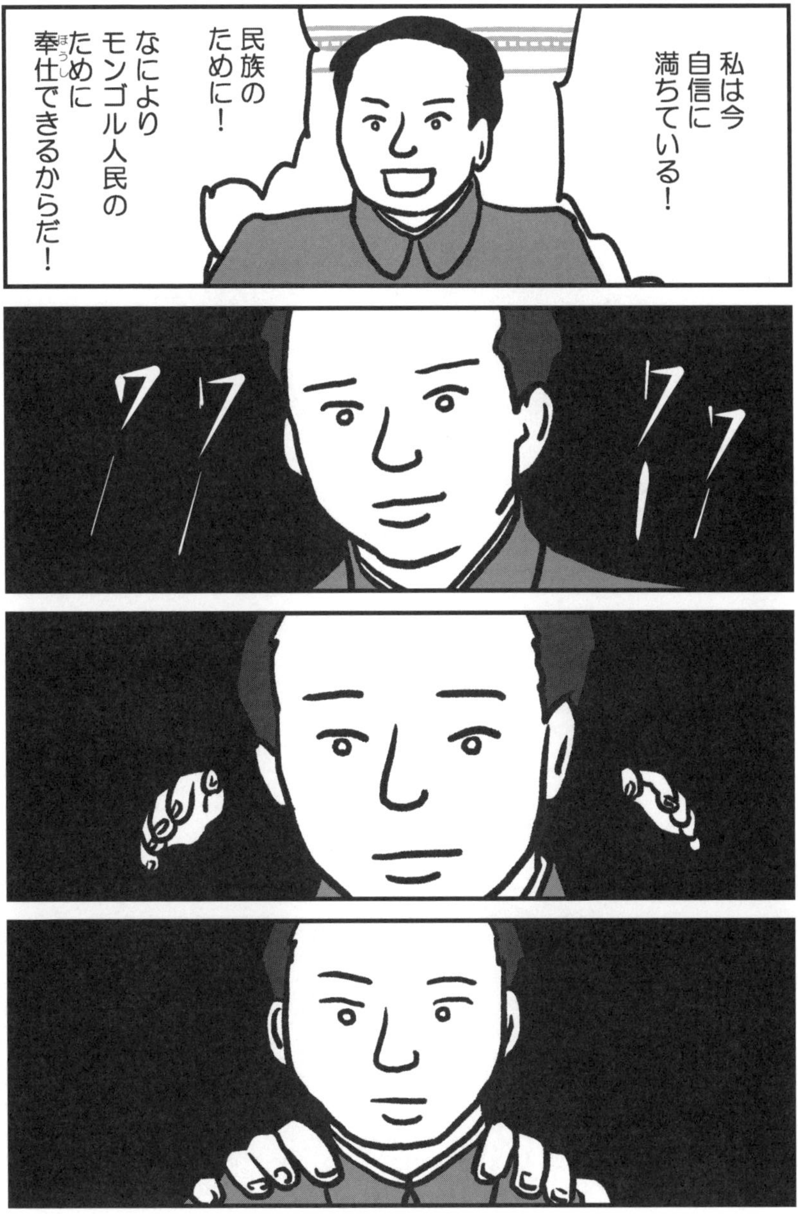
私は今
自信に
満ちている！
民族の
ために！
なにより
モンゴル人民の
ために
奉仕《ほうし》できるからだ！

ウラーンフーは
十九歳から四年間
モスクワに留学《りゅうがく》し
※コミンテルンの
正統《せいとう》教育を受けた
正真正銘《しょうしんしょうめい》の
共産主義者
だった

※ 国際共産主義運動の指導組織

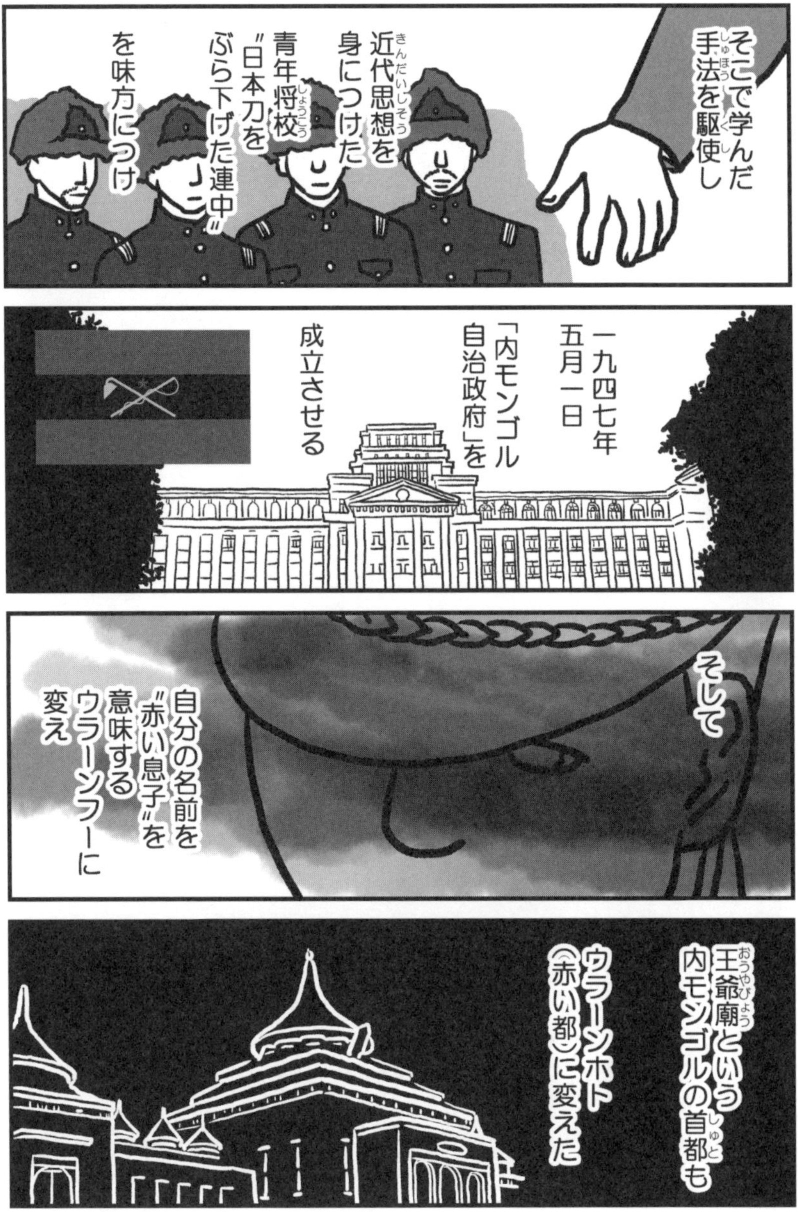
そこで学んだ
手法《しゅほう》を駆使《くし》し
近代思想《きんだいしそう》を
身につけた
青年将校《しょうこう》
"日本刀を
ぶら下げた連中"
を味方につけ
一九四七年
五月一日
「内モンゴル
自治政府」を
成立させる
そして
自分の名前を
"赤い息子"を
意味する
ウラーンフーに
変え
王爺廟《おうやびょう》という
内モンゴルの首都《しゅと》も
ウラーンホト
(赤い都)に変えた

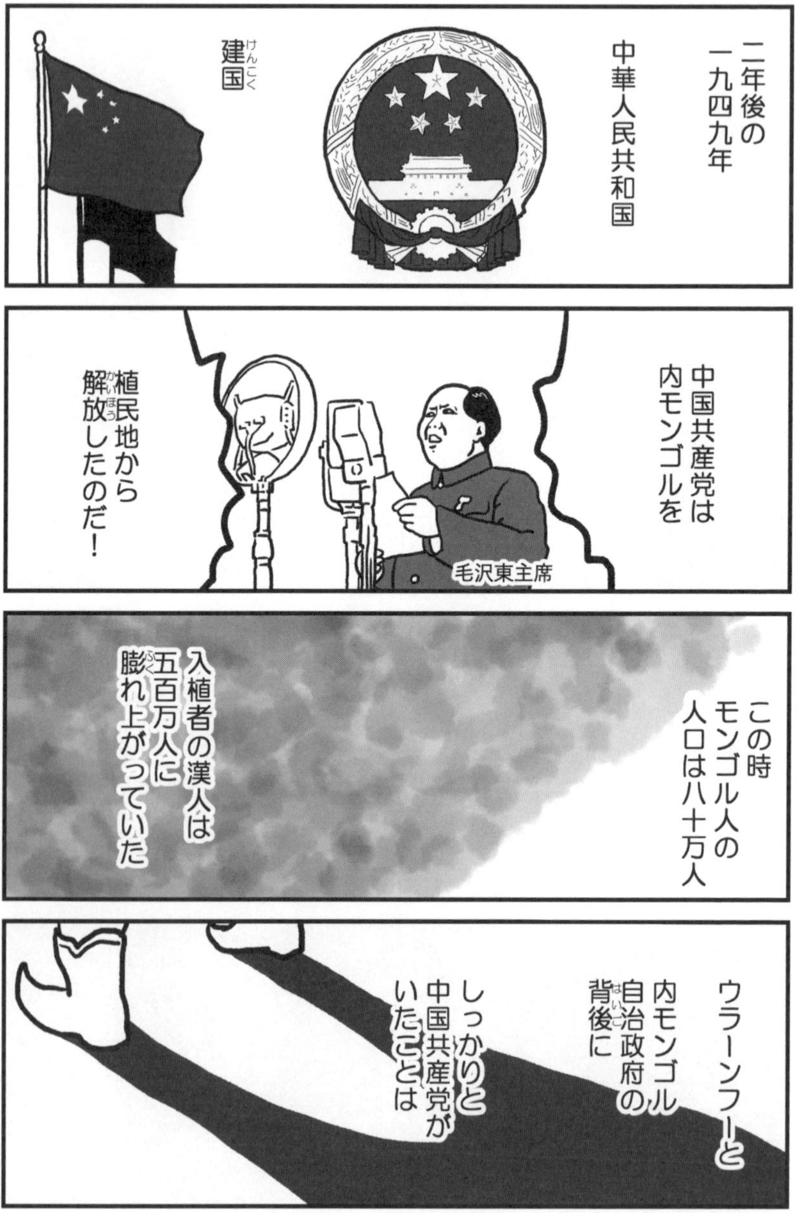
二年後の
一九四九年
中華人民共和国
建国《けんこく》
中国共産党は
内モンゴルを
植民地から
解放《かいほう》したのだ！
毛沢東主席
この時
モンゴル人の
人口は八十万人
入植者の漢人は
五百万人に
膨《ふく》れ上がっていた
ウラーンフーと
内モンゴル
自治政府の
背後《はいご》に
しっかりと
中国共産党が
いたことは

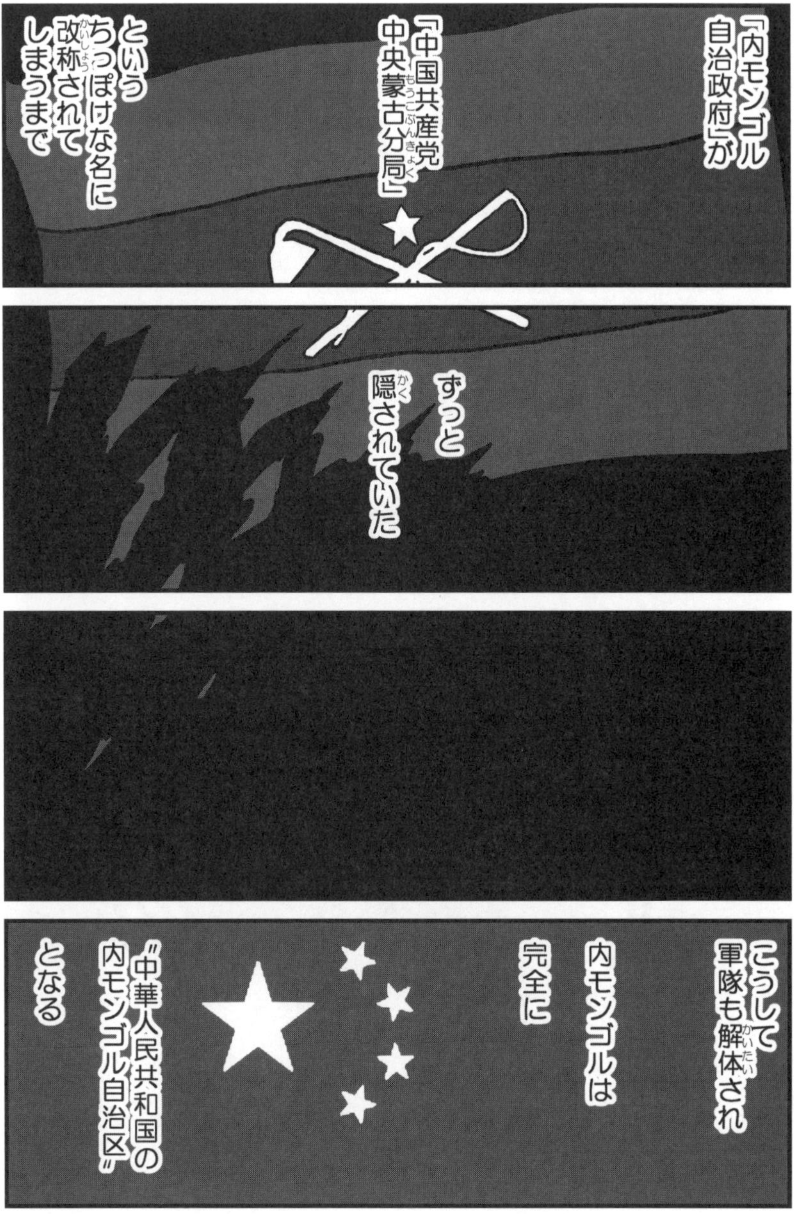
「内モンゴル自治政府」が
「中国共産党中央蒙古《もうこ》分局《ぶんきょく》」
というちっぽけな名に改称《かいしょう》されてしまうまで
ずっと隠《かく》されていた
こうして軍隊も解体《かいたい》され
内モンゴルは
完全に
〝中華人民共和国の内モンゴル自治区〟
となる

将来
自治政府内で直接選挙をしよう
世襲《せしゅう》の王公たちが選ばれてもいいじゃないか
恥《は》じない行動をするんだ
私たちはチンギス・ハーンの
子孫《しそん》なのだから

この時点でまだウラーンフーは
中国の共産主義者らを
信じていた
中国は民族の独立を認める
勇気を持つべきだ

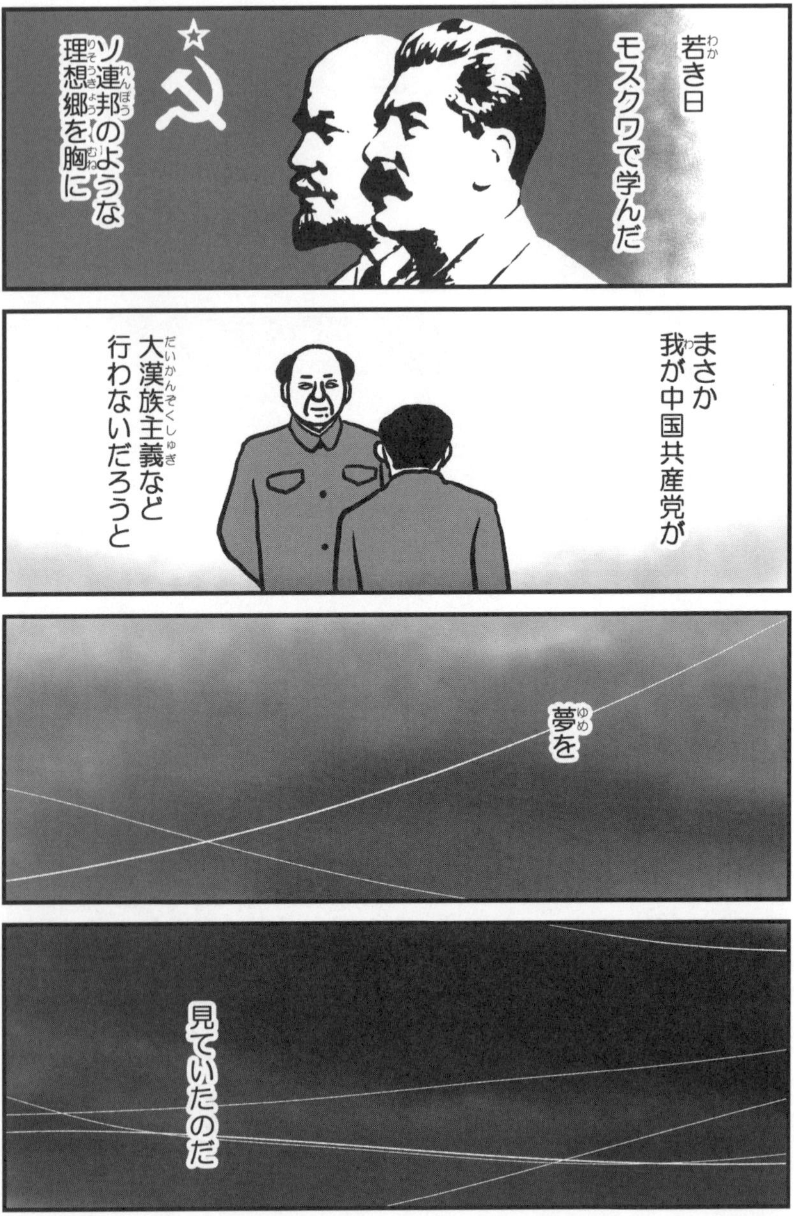
若《わか》き日
モスクワで学んだ
ソ連邦《れんぽう》のような
理想郷《りそうきょう》を胸《むね》に
まさか
我《わ》が中国共産党が
大漢族主義《だいかんぞくしゅぎ》など
行わないだろうと
夢《ゆめ》を
見ていたのだ

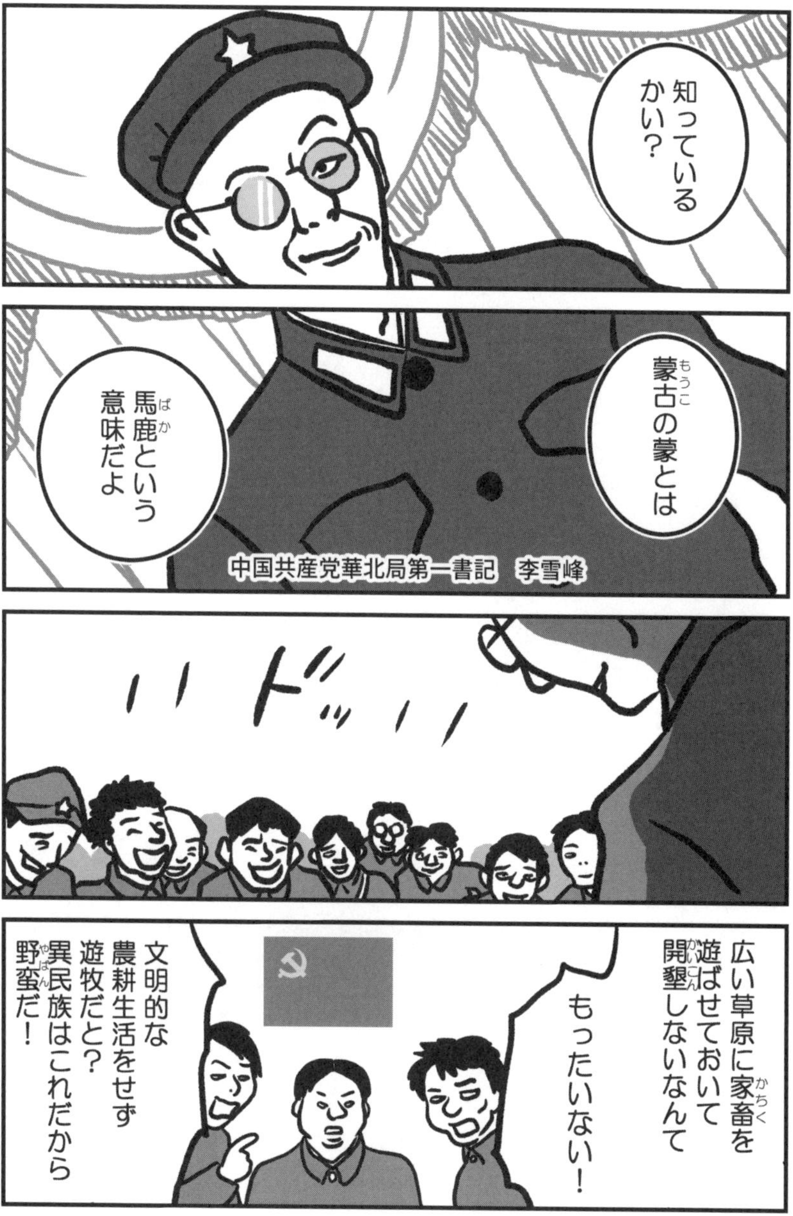
知っているかい?
蒙古《もうこ》の蒙とは
馬鹿《ばか》という意味だよ
中国共産党華北局第一書記　李雪峰
ドッ
広い草原に家畜《かちく》を遊ばせておいて開墾《かいこん》しないなんて
もったいない!
文明的な農耕生活をせず遊牧だと?異民族はこれだから野蛮《やばん》だ!

同志！
モンゴル人は
ずっと
遊牧《ゆうぼく》で暮らしを
立ててきました
農作業を
させるのは
困難《こんなん》です
それに
草原は乾燥地帯で
農耕には不向きで
一度掘り起こした
草原は二度と
元には戻らない

モンゴル人は
生きて
いけません
中国共産党 内モンゴル自治区 指導者
ウラーンフー

毛沢東の
大躍進《だいやくしん》政策の
失敗により
一九五八年〜
一九六二年までの
四年間で
中国全体で
三千六百万人が
餓死《がし》した
ドドド
ドドド

ウラーンフーは抵抗したものの
草原は無理やり開墾《かいこん》され
草原に住んでいた多くの野生動物は
人民解放軍が自動小銃《じどうしょうじゅう》で全滅《ぜんめつ》させた
内モンゴルの草原は沙漠《さばく》と化していった

失権《しっけん》していた
毛沢東は
権力奪還《だっかん》を
狙《ねら》い
「毛主席語録《もうしゅせきごろく》」を
数億冊印刷《すうおくさついんさつ》して
配布《はいふ》
毛主席語録
Little Red Book
「万国《ばんこく》のプロレタリア《労働者》団結《だんけつ》せよ!」
毛主席の著作《ちょさく》を読み
毛主席の話を聞き
毛主席の指示通りに
仕事をしよう
「国家の危機《きき》」と
称《しょう》して
世論《よろん》を誘導《ゆうどう》
素直な若い世代を
焚《た》き付け
敵対する指導者の
打倒《だとう》を目論《もくろ》んだ
反革命分子《はんかくめいぶんし》と
闘《たたか》うのだ!!

※1 謀反（むほん）にこそ正しい道理がある　※2「古い思想・文化・風俗・習慣」を打ち破る

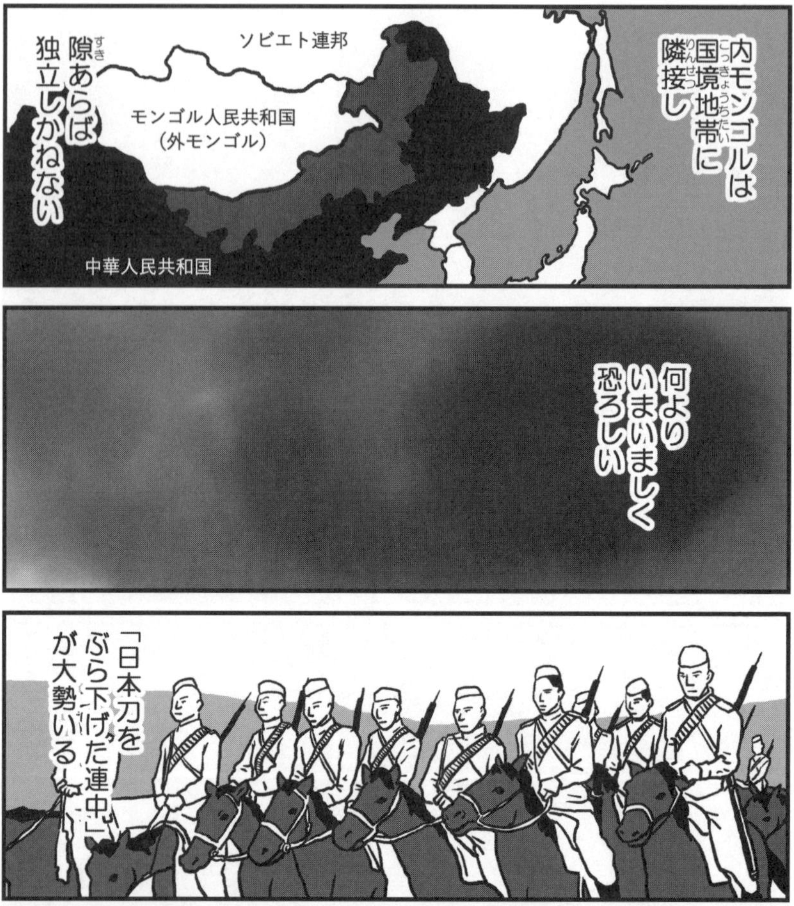
内モンゴルは国境《こっきょう》地帯《ちたい》に隣接《りんせつ》し
隙《すき》あらば独立しかねない
ソビエト連邦
モンゴル人民共和国
（外モンゴル）
中華人民共和国
何よりいまいましく恐ろしい
「日本刀をぶら下《さ》げた連中」が大勢いる
あいつらは罪人《ざいにん》だ
〃日本軍に協力した〃
〃外モンゴルと一緒になろうとした〃

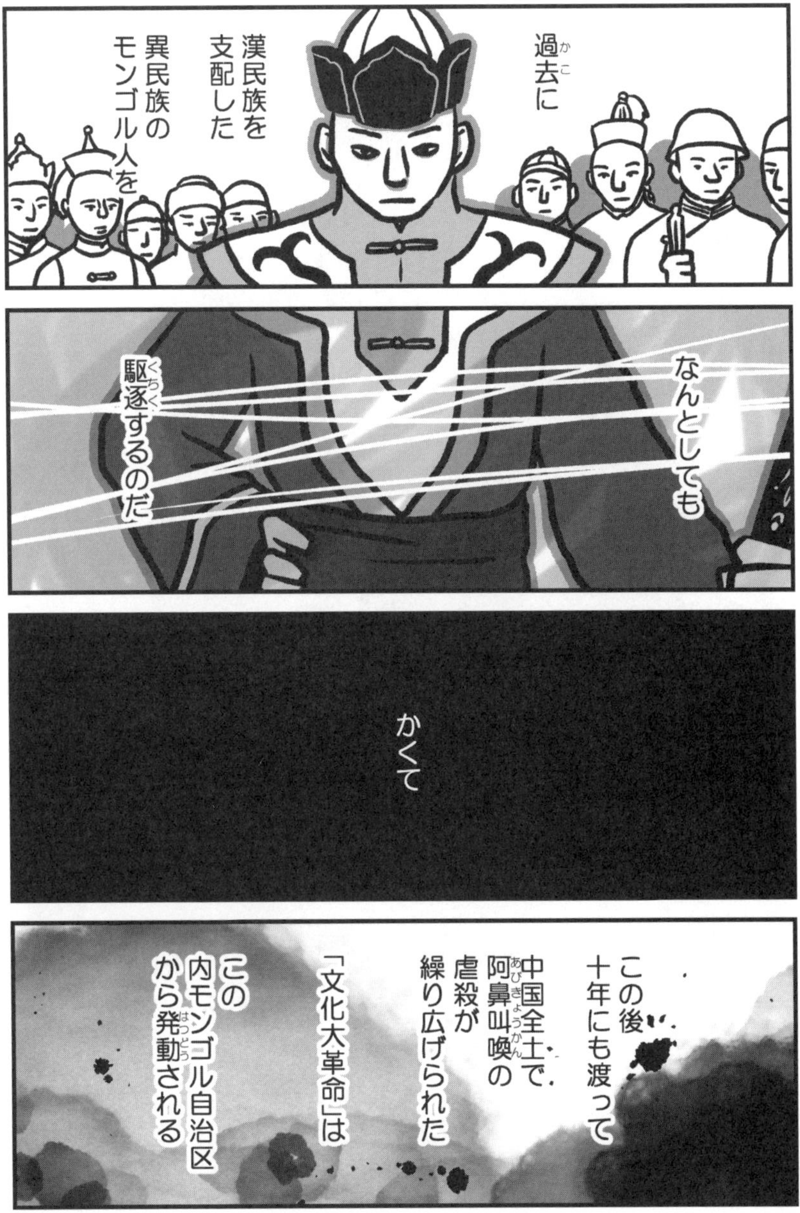
過去《かこ》に
漢民族を支配した
異民族のモンゴル人を
なんとしても
駆逐《くちく》するのだ
かくて
この後
十年にも渡って
中国全土で阿鼻叫喚《あびきょうかん》の虐殺が繰り広げられた
「文化大革命」は
この内モンゴル自治区から発動《はつどう》される

ウラーンフーは
内モンゴルの
シンボルだ

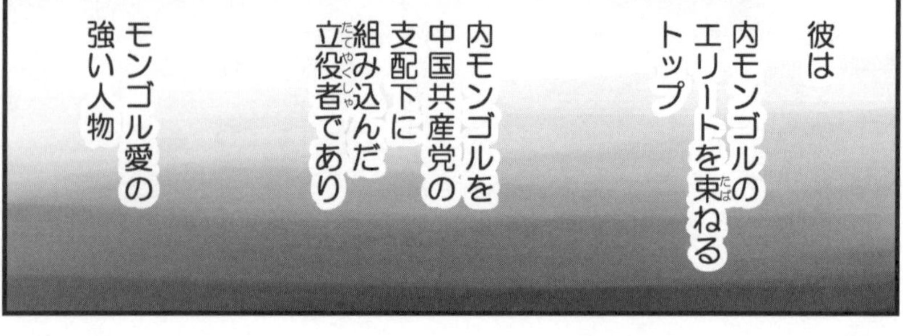
彼は
内モンゴルの
エリートを束《たば》ねる
トップ
内モンゴルを
中国共産党の
支配下に
組み込んだ
立役者《たてやくしゃ》であり
モンゴル愛の
強い人物

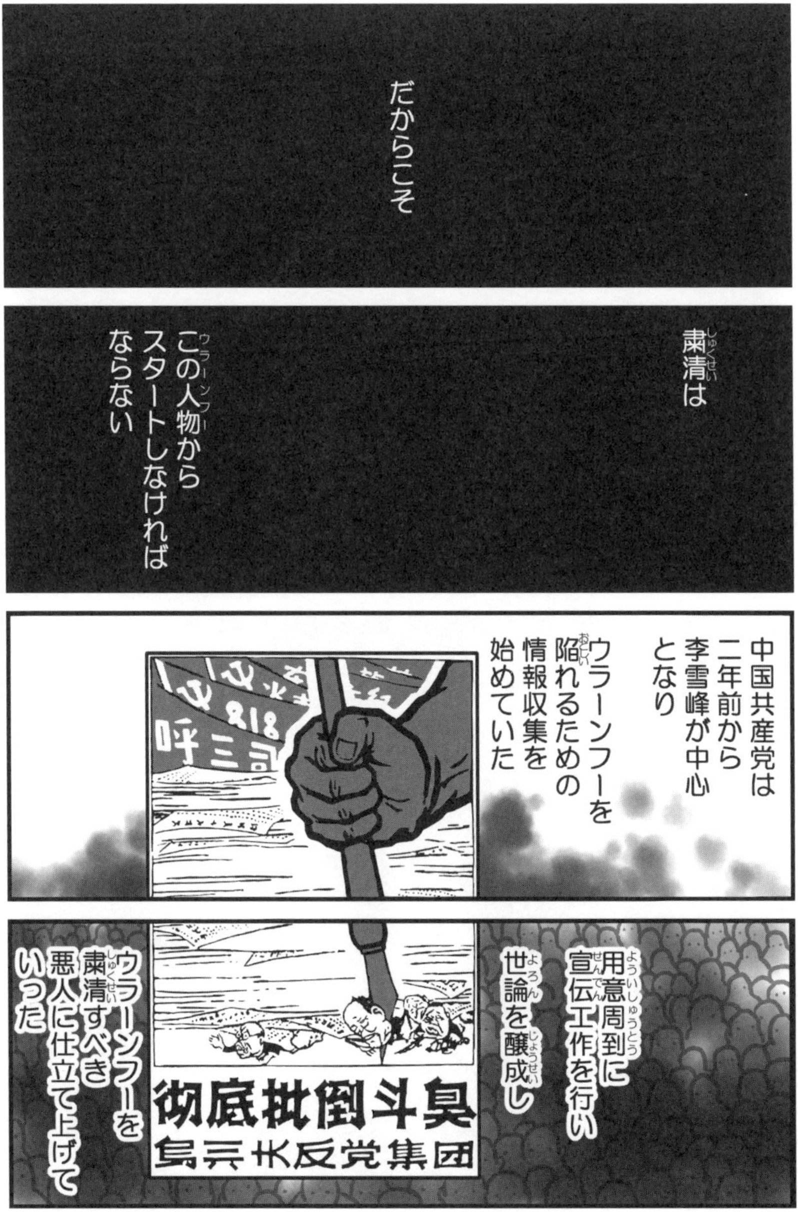
だからこそ
粛清《しゅくせい》は
この人物《ウラーンフー》から
スタートしなければ
ならない
中国共産党は
二年前から
李雪峰が中心
となり
ウラーンフーを
陥《おとしい》れるための
情報収集を
始めていた
用意周到《よういしゅうとう》に
宣伝《せんでん》工作を行い
世論《よろん》を醸成《じょうせい》し
彻底批倒斗臭
乌兰夫反党集团
ウラーンフーを
粛清《しゅくせい》すべき
悪人に仕立て上げて
いった

この民族分裂《ぶんれつ》主義者め！
モンゴル族を統一《とういつ》し大モンゴル国を作ろうとしている！
チンギスハーン廟《びょう》を建て直したのはスパイだからだ！
現代のチンギス・ハーンにでもなったつもりか！
草原開墾政策《かいこんせいさく》に抵抗《ていこう》したな！
内モンゴル人民革命党とクーデターを起こそうとしただろう！

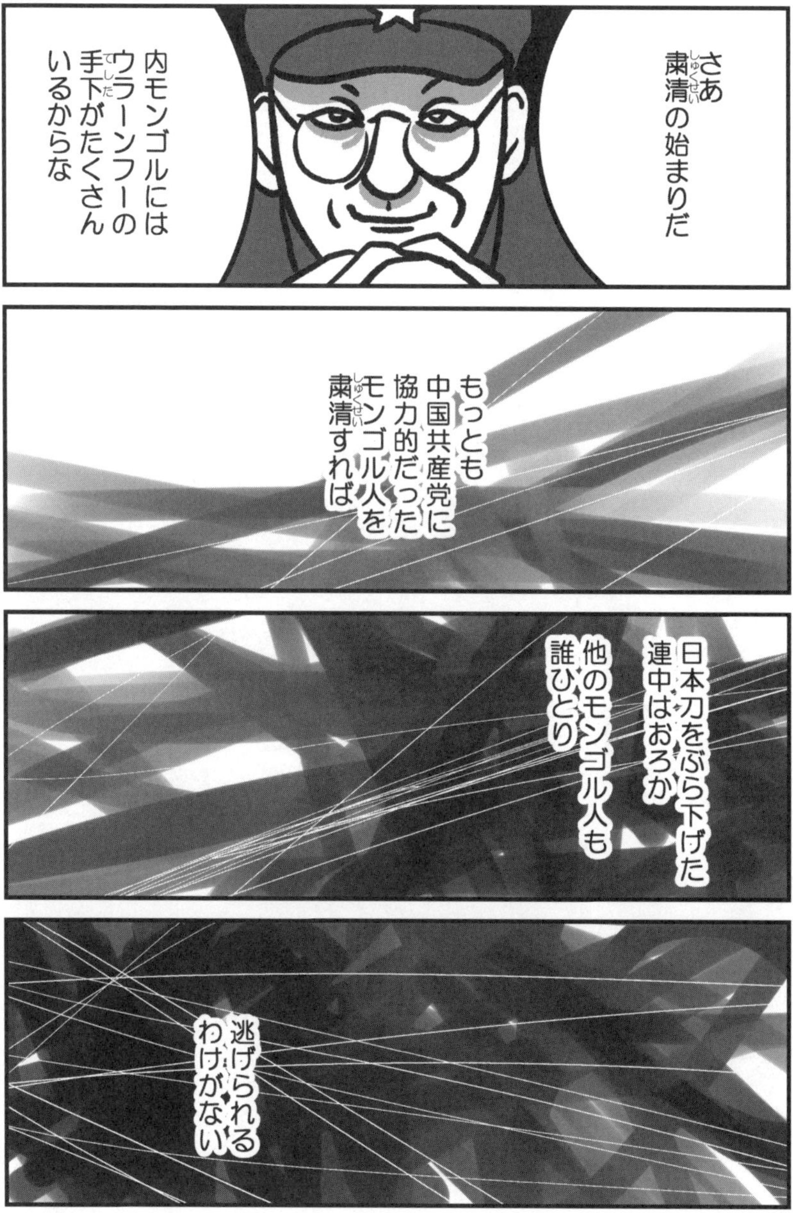
さあ粛清《しゅくせい》の始まりだ
内モンゴルにはウラーンフーの手下《てした》がたくさんいるからな
もっとも中国共産党に協力的だったモンゴル人を粛清《しゅくせい》すれば
日本刀をぶら下げた連中はおろか他のモンゴル人も誰ひとり
逃げられるわけがない

モンゴル人に
良い奴《やつ》は
ひとりもいない
やつらが
死んでくれたら
我々はたいへん
助かる

文革《ぶんかく》を
利用して
モンゴル人を
やっつけろ！
内モンゴル
人民革命党員を
えぐり出せーーーーー!!

「砂を混ぜる」という手法で移民を送り込み
招《まね》き入れたモンゴル人を
暴力で支配した

なぜ中国に
モンゴル人が
住んでいるのだろう？

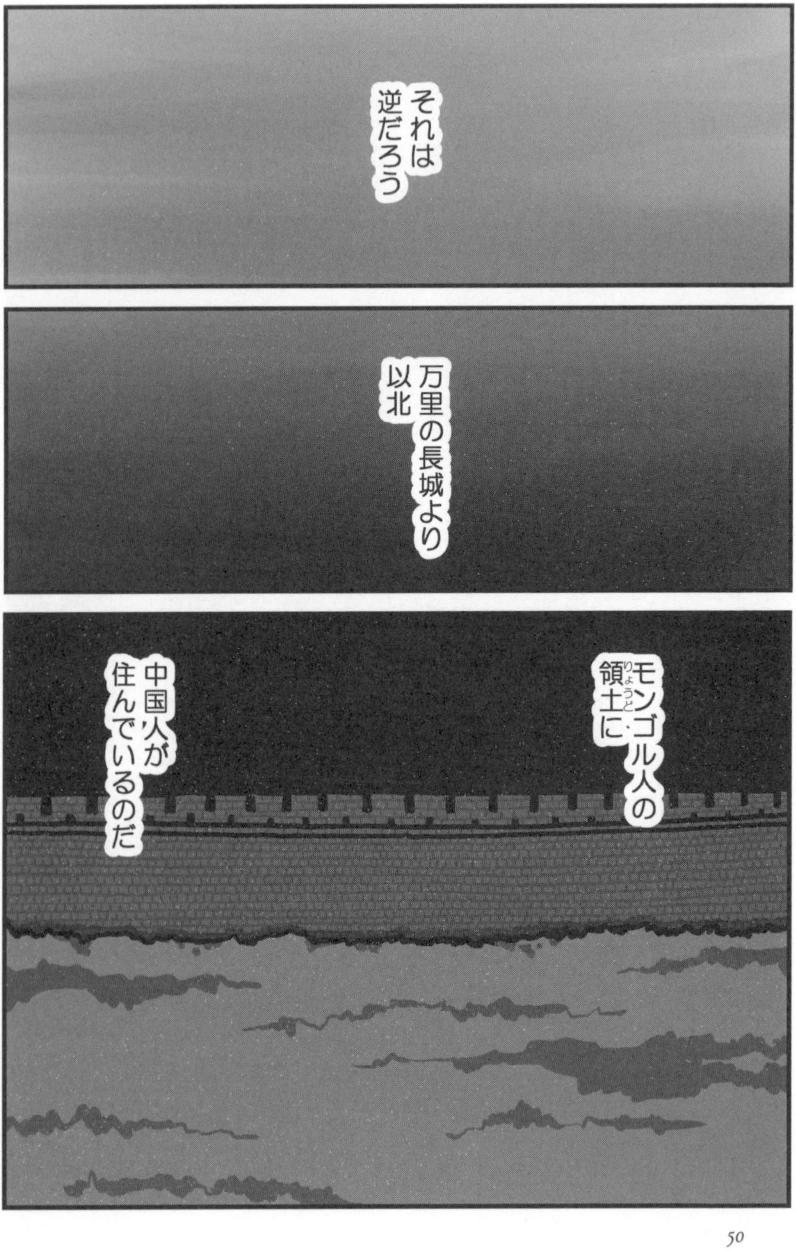
それは
逆だろう
万里の長城より
以北
モンゴル人の
領土《りょうど》に
中国人が
住んでいるのだ

第2話 奪われた青い仔ヤギ
―バイワルの物語―

中国共産党が
貧しい人々を
救ってくれる
はずだ
二十歳の
私は
そう
信じていました

私は
バイワル
モンゴル人です
一九三八年
今でいう
内モンゴル自治区
オルドスにある
ウーシン旗《ホショー》の
草原で
生まれました
我が家は
牧畜で
比較的豊かに
暮らして
いましたが
父が
アヘンに
手を出して
没落《ぼつらく》しました

アヘンは
中国共産党軍
（紅軍《こうぐん》）が
持ち込みました
前線で日本軍と
中国国民党軍が
死闘《しとう》を
繰り広げて
いたころ
紅軍は
モンゴルに
逃げ込み
アヘン製造に
精を出し
中国国民党軍の
いる地域や
モンゴル人たちに
売りつけ
軍資金に
していました

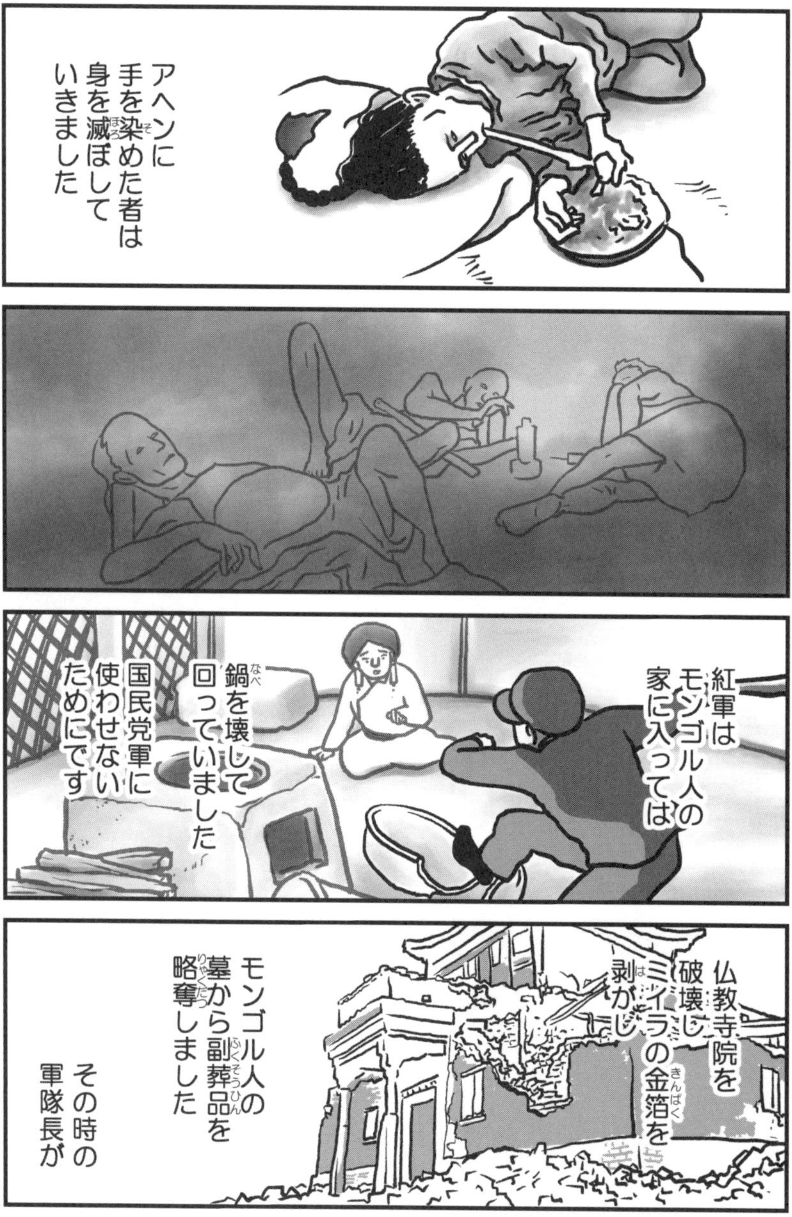
アヘンに
手を染めた者は
身を滅《ほろ》ぼして
いきました
紅軍は
モンゴル人の
家に入っては
鍋《なべ》を壊して
回っていました
国民党軍に
使わせない
ためにです
仏教寺院を
破壊し
ミイラの金箔《きんぱく》を
剥《は》がし
モンゴル人の
墓から副葬品《ふくそうひん》を
略奪《りゃくだつ》しました
その時の
軍隊長が

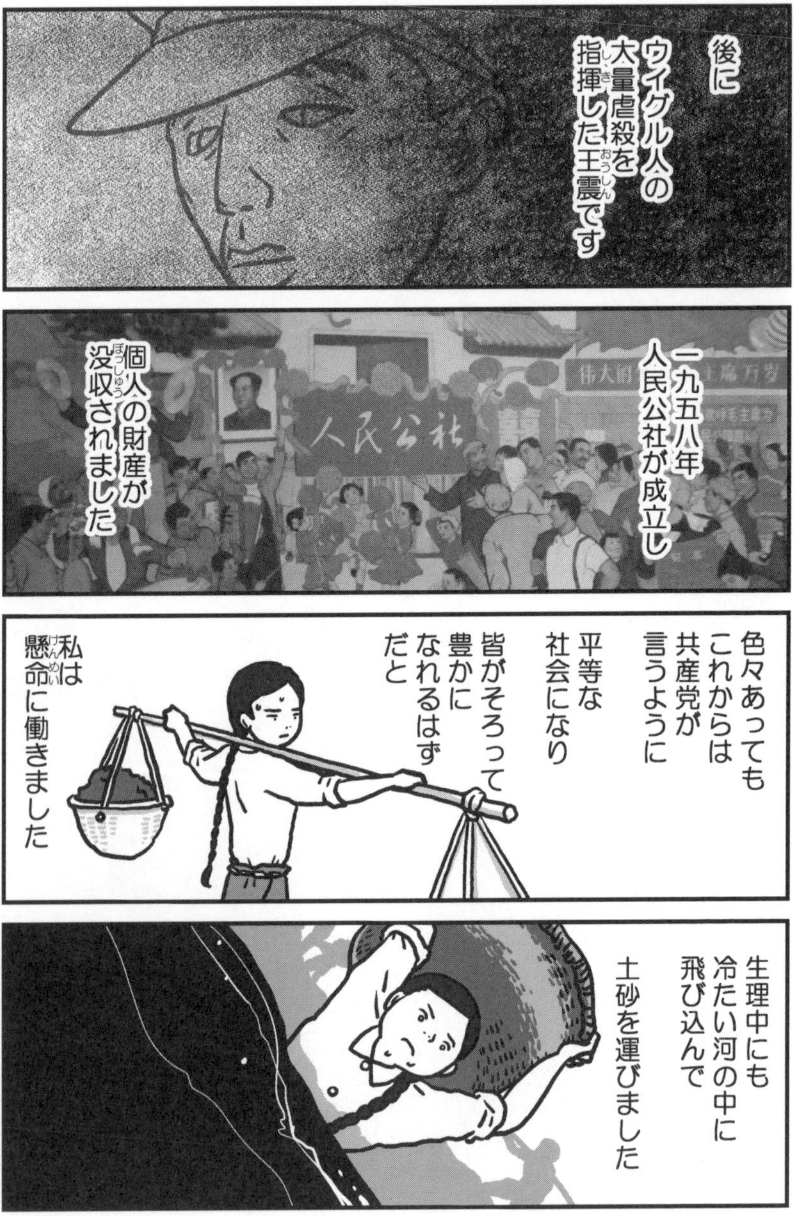
後に
ウイグル人の
大量虐殺を
指揮《しき》した王震《おうしん》です
一九五八年
人民公社が成立し
人民公社
個人の財産が
没収《ぼっしゅう》されました
色々あっても
これからは
共産党が
言うように
平等な
社会になり
皆がそろって
豊かに
なれるはず
だと
私は
懸命《けんめい》に働きました
生理中にも
冷たい河の中に
飛び込んで
土砂を運びました

まもなく
各地の寺院が
破壊される
ことになり
塑像《そぞう》を壊せと
命じられましたが
怖くて身体が
動きませんでした

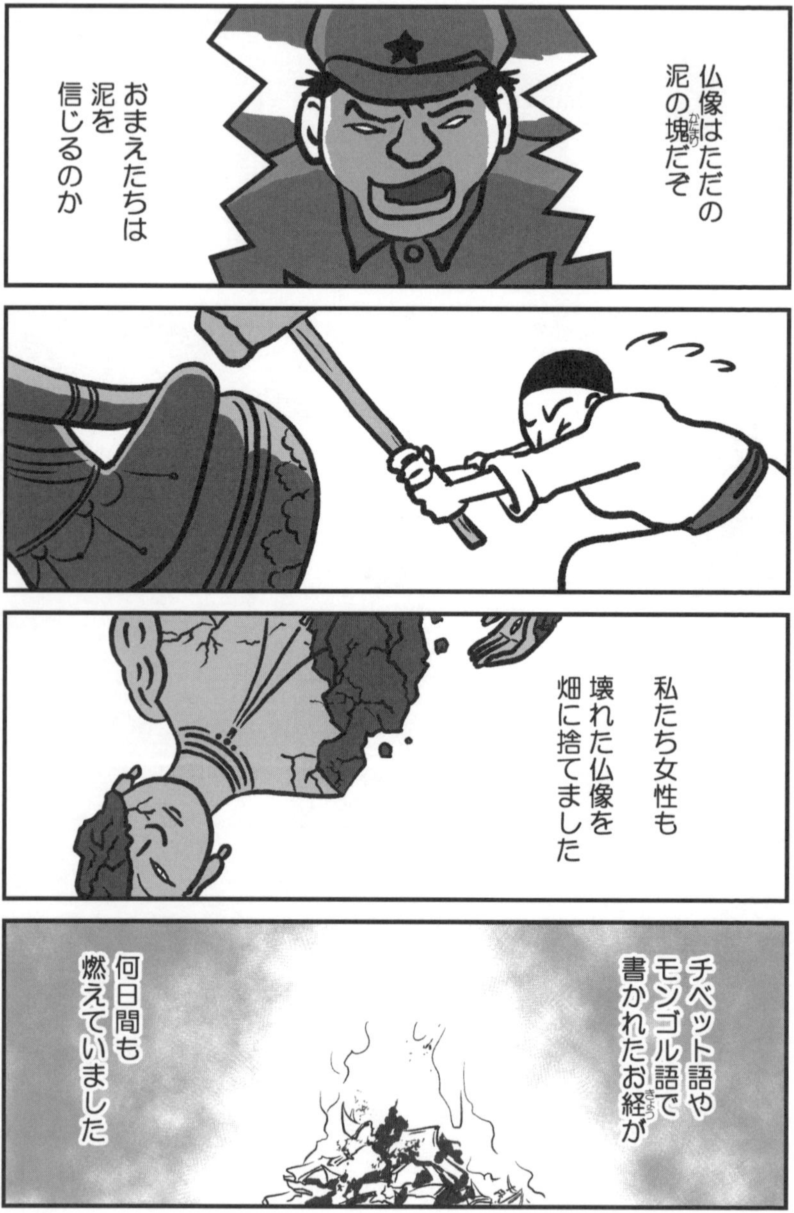
仏像はただの
泥の塊《かたまり》だぞ
おまえたちは
泥を
信じるのか
私たち女性も
壊れた仏像を
畑に捨てました
チベット語や
モンゴル語で
書かれたお経《きょう》が
何日間も
燃えていました

私は晴れて中国共産党員になり
縁談《えんだん》がたくさん来ましたが
一九六〇年
家畜という財産を没収されたことに反対していた反人民公社の前科《ぜんか》があるバヤンドルジと結婚しました
26歳
22歳
夫は騎兵隊《きへいたい》にいたことから
〝日本刀をぶら下げた者〟の話をする時
いつも目を輝かせていました
一九六六年
文化大革命が勃発《ぼっぱつ》し
ソ連とモンゴル共和国が攻めてくるのに備《そな》えるのだと
皆が民兵《みんぺい》になるべく
厳しい軍事訓練を受けました

生まれた息子も
草むらで寝かせて
おくしかなく
あの子が
戦馬に踏《ふ》まれまいか
訓練中も
常に生きた心地が
しませんでした

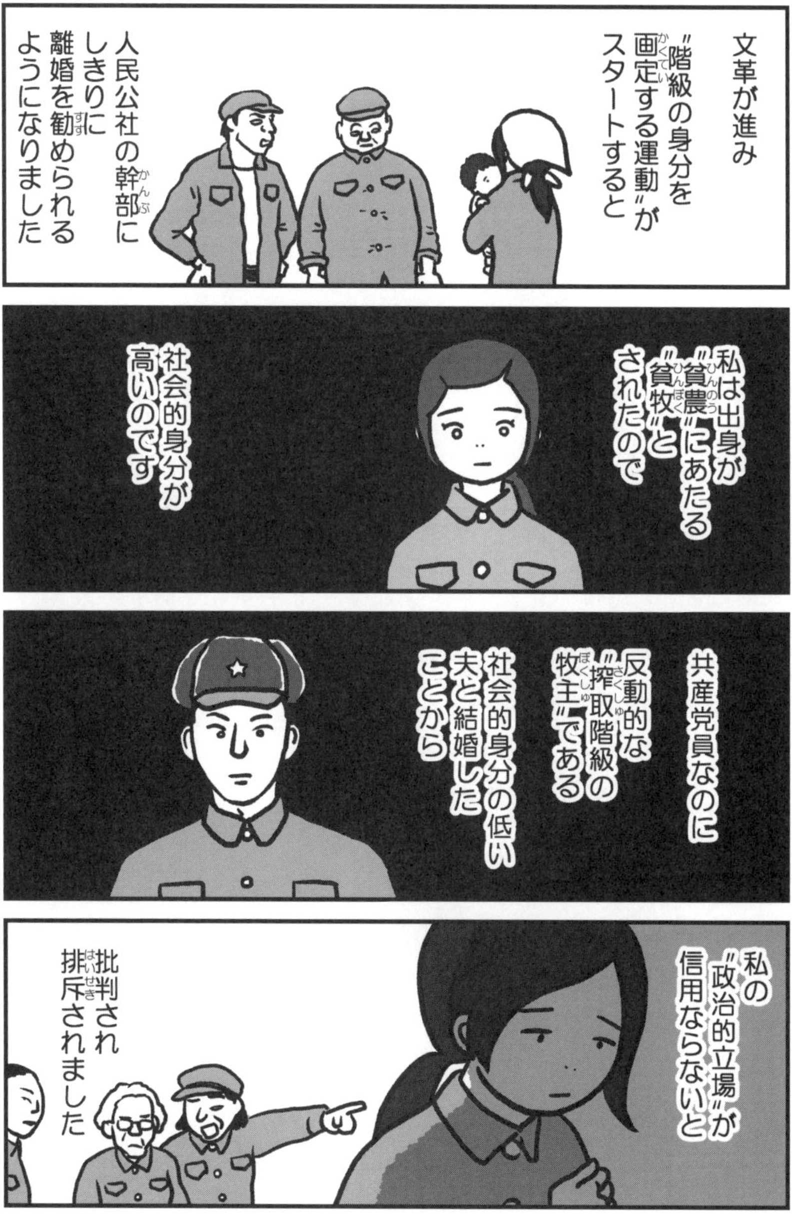

文革が進み
〝階級の身分を
画定《かくてい》する運動〟が
スタートすると
人民公社の幹部《かんぶ》に
しきりに
離婚を勧《すす》められる
ようになりました
私は出身が
〝貧農《ひんのう》〟にあたる
〝貧牧《ひんぼく》〟と
されたので
社会的身分が
高いのです
共産党員なのに
反動的な
〝搾取《さくしゅ》階級の
牧主《ぼくしゅ》〟である
社会的身分の低い
夫と結婚した
ことから
私の
〝政治的立場〟が
信用ならないと
批判され
排斥《はいせき》されました

息子は未成年ですから〝階級的身分〟は決まっていません
バイワル
私は離婚してもいいんだよ

暗い雰囲気が
いつも一家に
充満《じゅうまん》していました

おはよう
あなた！
おはよう
オーノス！
さぁみんなで
朝の挨《あい》拶《さつ》を
しましょう！
毛主席
万歳!!

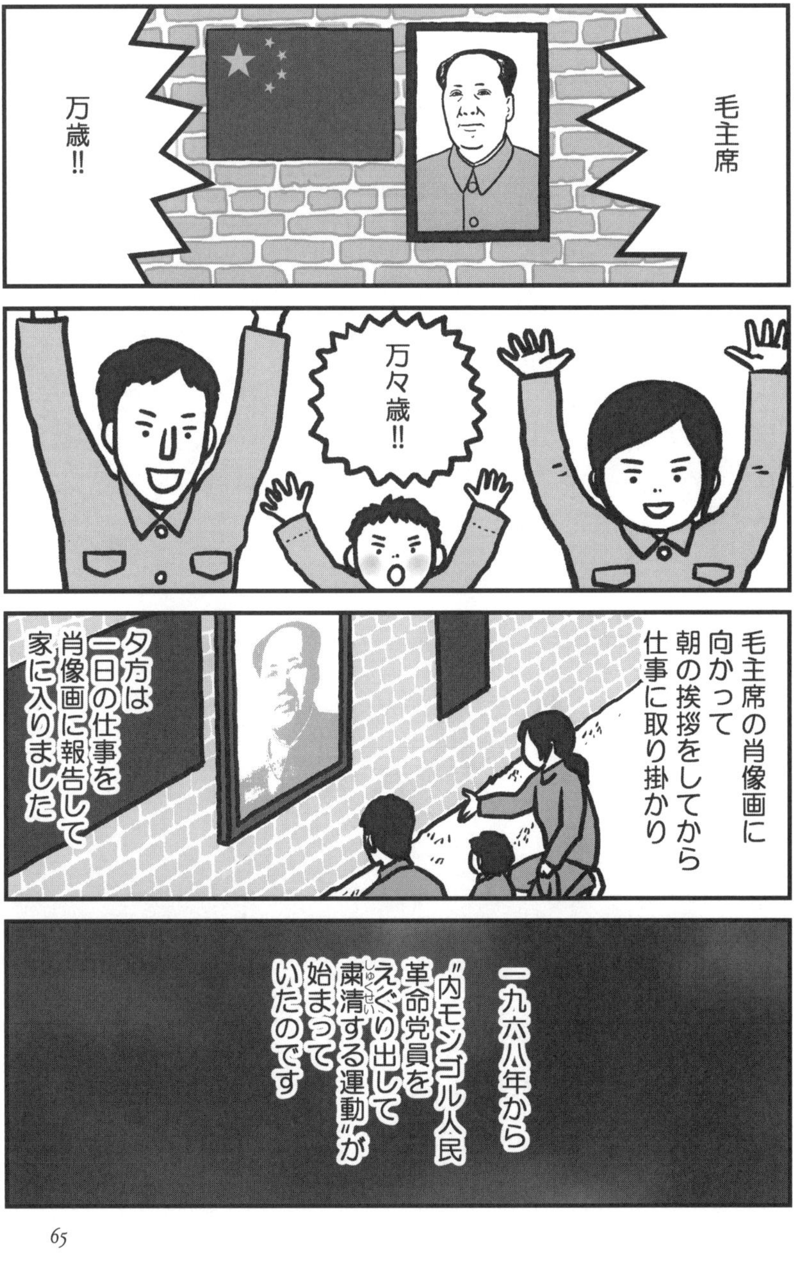
毛主席
万歳!!
万々歳!!
毛主席の肖像画に
向かって
朝の挨拶をしてから
仕事に取り掛かり
夕方は
一日の仕事を
肖像画に報告して
家に入りました
一九六八年から
〝内モンゴル人民
革命党員を
えぐり出して
粛清《しゅくせい》する運動〟が
始まって
いたのです

毛沢東がお墨《すみ》付《つ》きを与えた
〝紅衛兵《こうえいへい》〟という
若者たちが
国中で
暴れまわっていました
年長者や役人
金持ちや知識人など
力のある者を
批判闘争《ひはんとうそう》という
集団リンチにかけ
吊《つ》るし上げて
暴力で虐《しいた》げます
各地で
残酷な殺戮《さつりく》が
起きました

そんな中
内モンゴルに
住む
漢人たちは
人民公社の
トップに
モンゴル人が
就《つ》いている
ことが
たいそう
不満でした
郵便局職員
楊徳茂
信用組合職員
賀定青
一九六八年
夏
彼らはいつも
炎天下で
モンゴル人
幹部を
リンチし
批判闘争を
しました
ある晩
トプチンドルジ社長を
深い井戸の縁《ふち》に
跪《ひざまず》かせて
おまえは
内モンゴル人民
革命党員だな？
認めろ！
さもなくば・・・
やめてくれ！
そうだ
私は
内人党で
民族分裂《ぶんれつ》主義者だ！

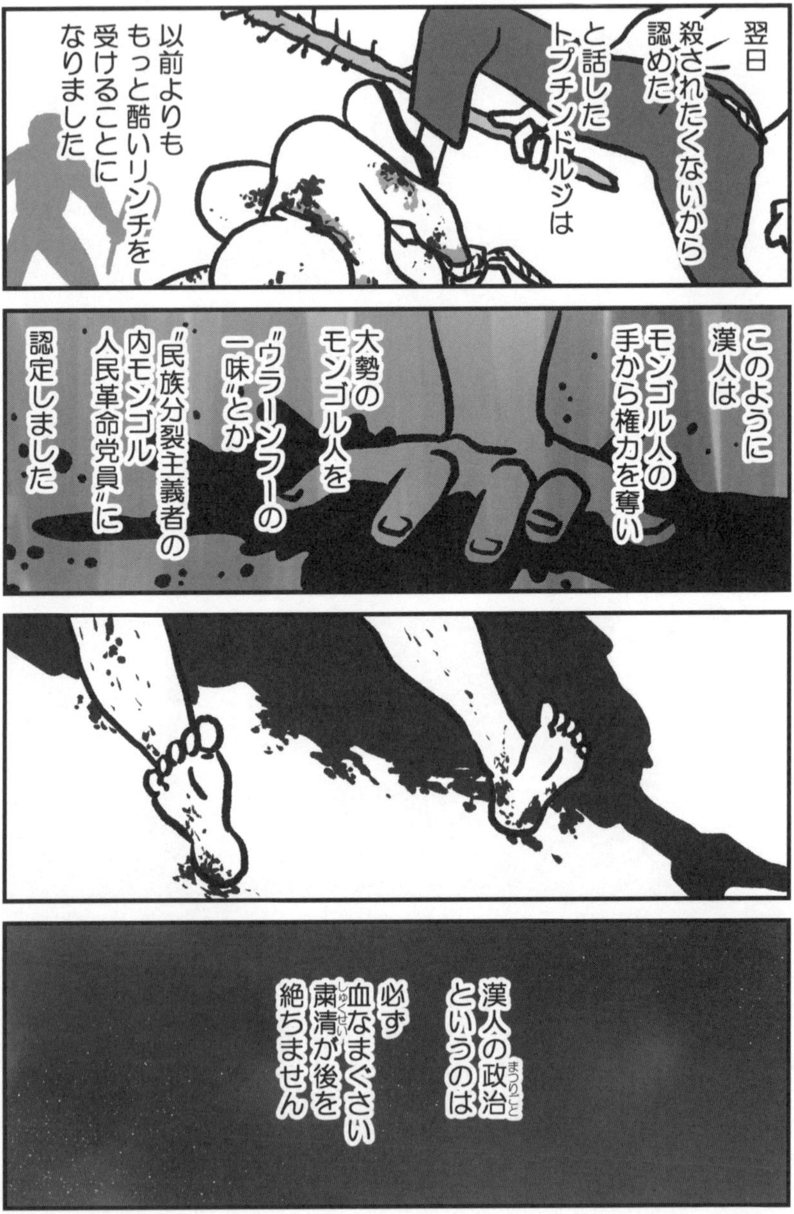
翌日
殺されたくないから
認めた
と話した
トプチンドルジは
以前よりも
もっと酷いリンチを
受けることに
なりました
このように
漢人は
モンゴル人の
手から権力を奪い
大勢の
モンゴル人を
〝ウラーンフーの
一味〟とか
〝民族分裂主義者の
内モンゴル
人民革命党員〟に
認定しました
漢人の政治《まつりごと》
というのは
必ず
血なまぐさい
粛清《しゅくせい》が後を
絶ちません

一九四九年から
私たちモンゴル人が漢人に支配されるようになってから
モンゴル人の幸せな生活は途絶えてしまいました
ずっと政治運動の連続でした
反動罪行！憤怒声
モンゴル人はどの運動にも熱心に参加していましたが

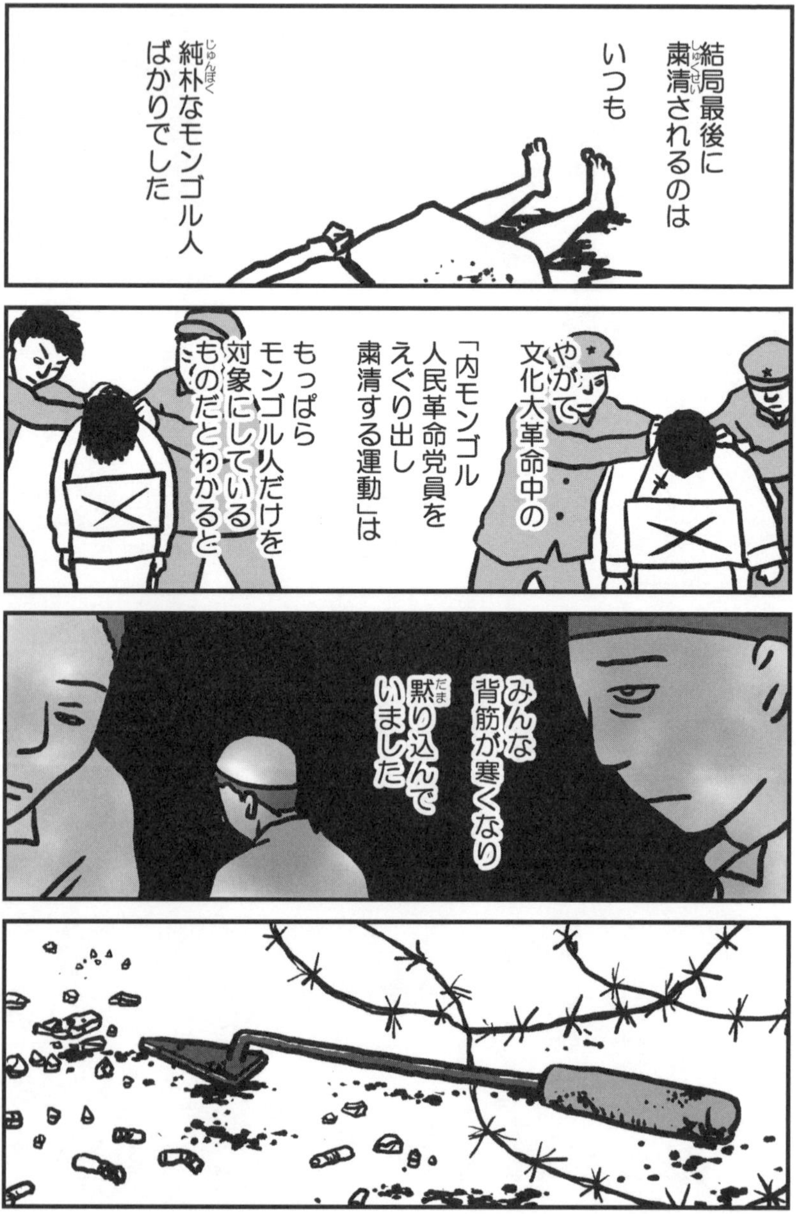
結局最後に
粛清《しゅくせい》されるのは
いつも
純朴《じゅんぼく》なモンゴル人
ばかりでした
やがて
文化大革命中の
「内モンゴル
人民革命党員を
えぐり出し
粛清する運動」は
もっぱら
モンゴル人だけを
対象にしている
ものだとわかると
みんな
背筋が寒くなり
黙《だま》り込んで
いました

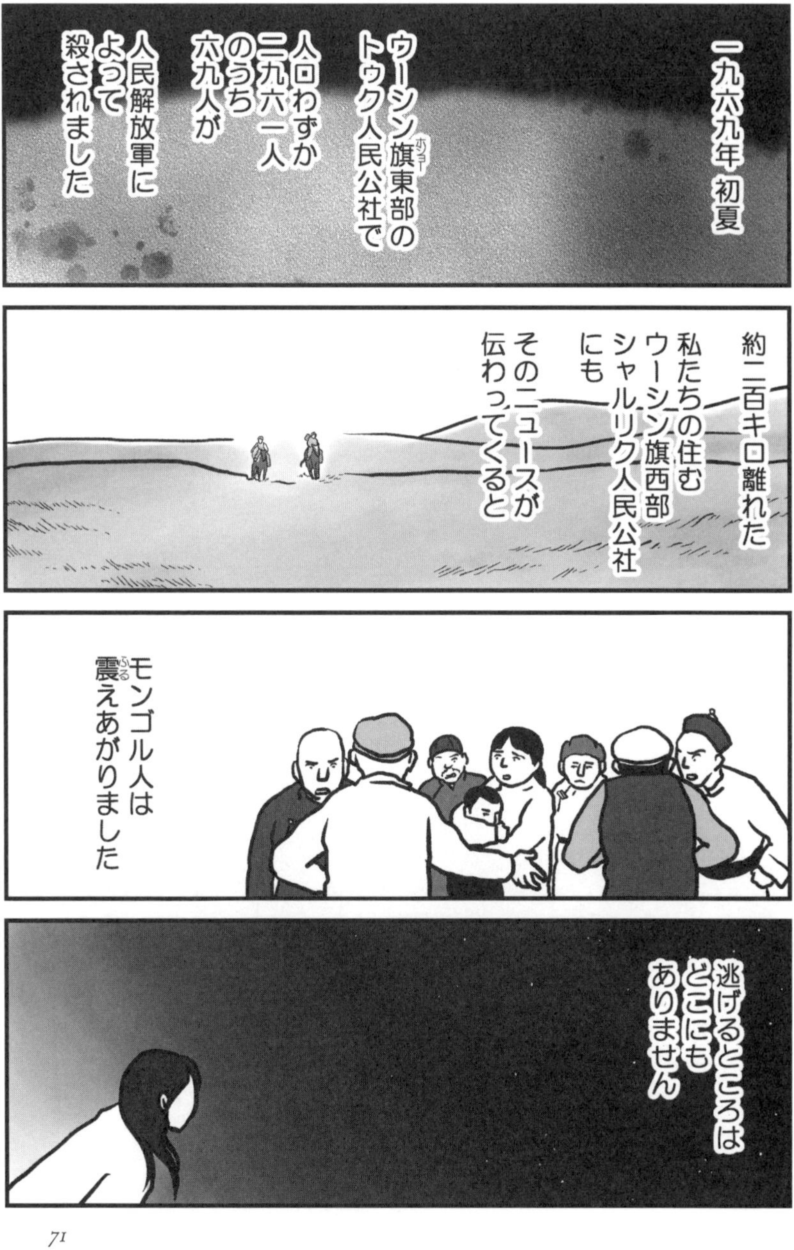
一九六九年 初夏
ウーシン旗《ホショー》東部のトゥク人民公社で
人口わずか二九六一人のうち六九人が
人民解放軍によって殺されました
約二百キロ離れた私たちの住むウーシン旗西部シャルリク人民公社にも
そのニュースが伝わってくると
モンゴル人は震《ふる》えあがりました
逃げるところはどこにもありません

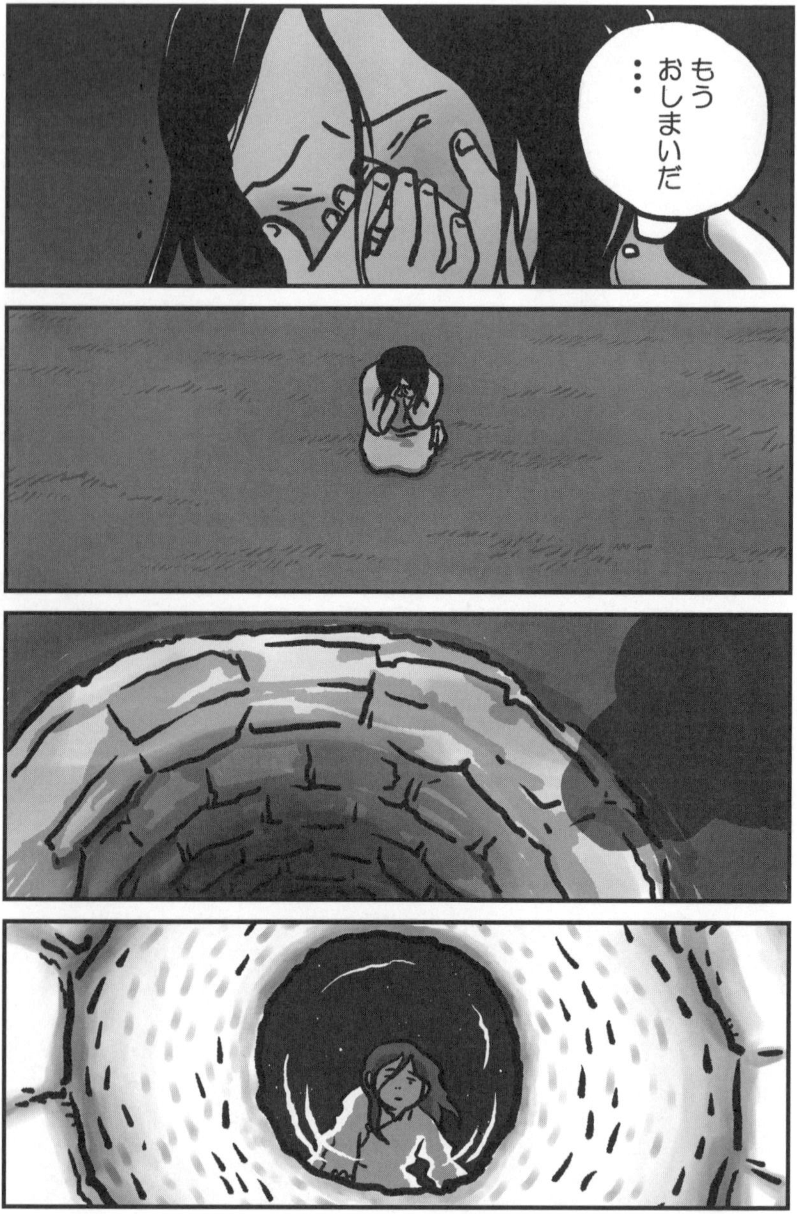
もう
おしまいだ
…

私が死んだらこの子は
今まで以上に虐《いじ》められるに違いない
親戚《しんせき》一同はほとんど全員出身の悪い我が家と政治的立場を異にしていて
私は絶望しました

ある日
一緒に批判闘争を受けていた
トプチンドルジ社長とポーシャン書記が
私に言いました
子供をちゃんと守りなさい
目を離さないで
漢人が「悪い人間から生まれた悪い子」を
手当たり次第に殺しているそうだ

その頃
シャルリク
人民公社と
ウーシン旗《ホショー》政府
所在地の
ダブチャク鎮《バラガス》で
“内モンゴル
人民革命党員”
とされた
モンゴル人の
子供が
あいついで
行方不明になる
事件が
いくつも
発生しました

二年間もひどい旱魃《かんばつ》が続き
家畜の食べる草がほとんどなくなっていました
※赤い人間《ウラーン・クン》の子はいいな
いい服を着ているし
未来もきっと明るいだろう
お父さん
どこに行くの？

※出身の良い紅五類の人たちを指す。「労働者・貧農下層中農・革命幹部・革命軍人・革命烈士」の五種類。パイワル一家は黒五類に認定されていた

……
夫は
馬を追う放牧業《ほうぼくぎょう》を
志願《しがん》し
遠くの陝西省《せんせいしょう》へ
旅立ちました
事実上の
逃亡《とうぼう》でした

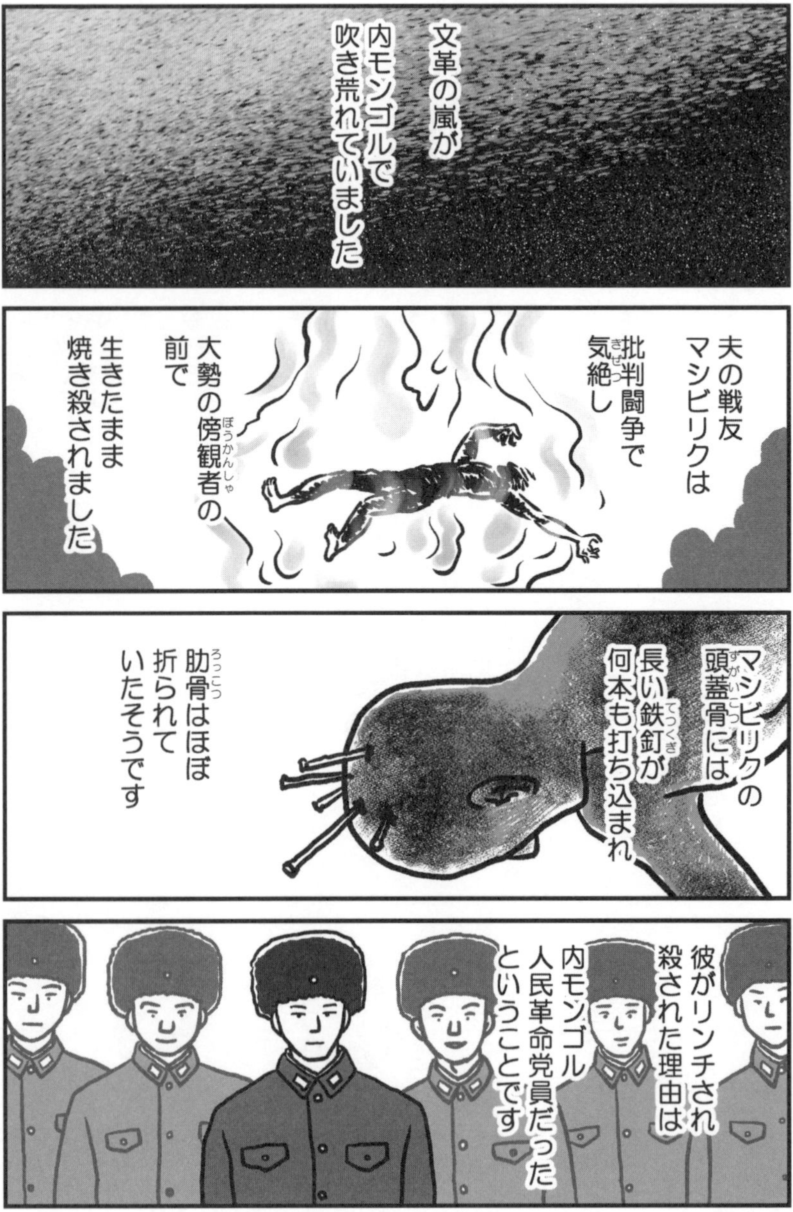
文革の嵐が
内モンゴルで
吹き荒れていました
夫の戦友
マシビリクは
批判闘争で
気絶《きぜつ》し
大勢の傍観者《ぼうかんしゃ》の
前で
生きたまま
焼き殺されました
マシビリクの
頭蓋骨《ずがいこつ》には
長い鉄釘《てつくぎ》が
何本も打ち込まれ
肋骨《ろっこつ》はほぼ
折られて
いたそうです
彼がリンチされ
殺された理由は
内モンゴル
人民革命党員だった
ということです

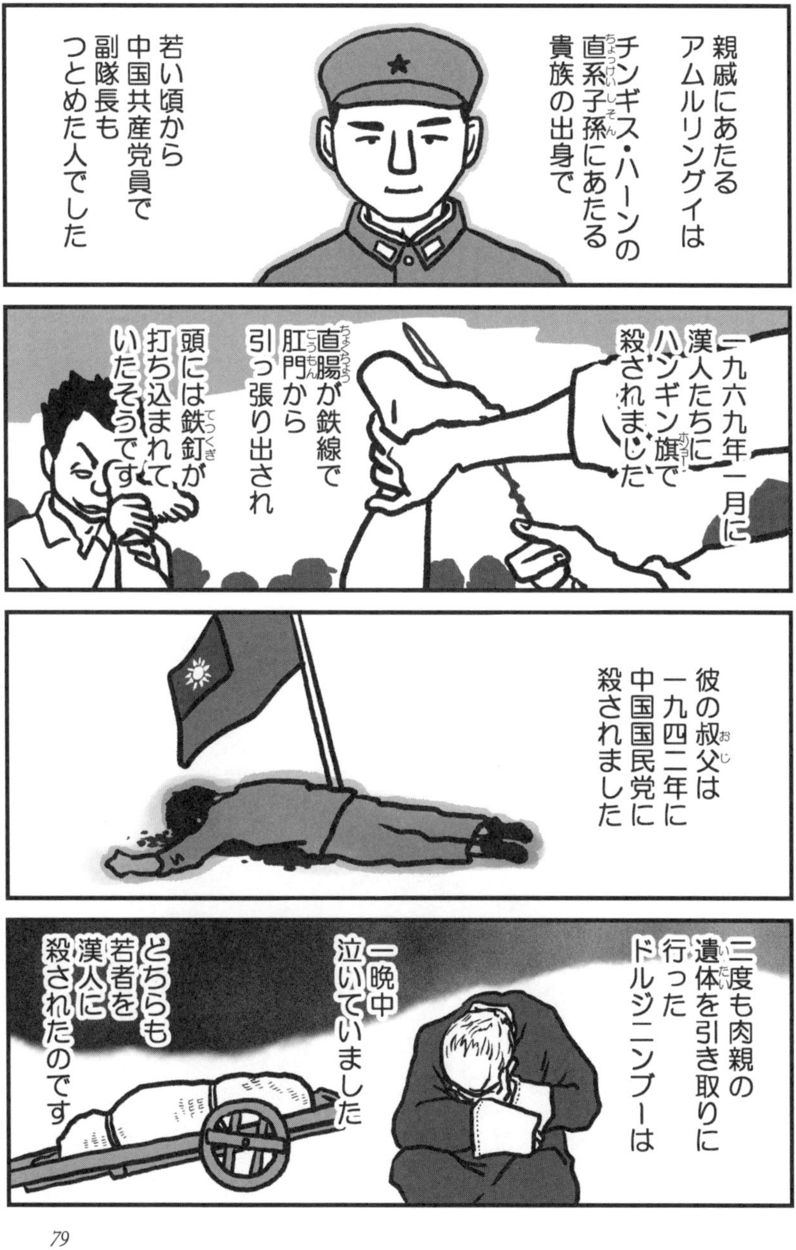
親戚にあたる
アムルリングイは
チンギス・ハーンの
直系子孫《ちょっけいしそん》にあたる
貴族の出身で
若い頃から
中国共産党員で
副隊長も
つとめた人でした
一九六九年一月に
漢人たちに
ハンギン旗《ホショー》で
殺されました
直腸《ちょくちょう》が鉄線で
肛門《こうもん》から
引っ張り出され
頭には鉄釘《てつくぎ》が
打ち込まれて
いたそうです
彼の叔父《おじ》は
一九四二年に
中国国民党に
殺されました
二度も肉親の
遺体《いたい》を引き取りに
行った
ドルジニンブーは
一晩中
泣いていました
どちらも
若者を
漢人に
殺されたのです

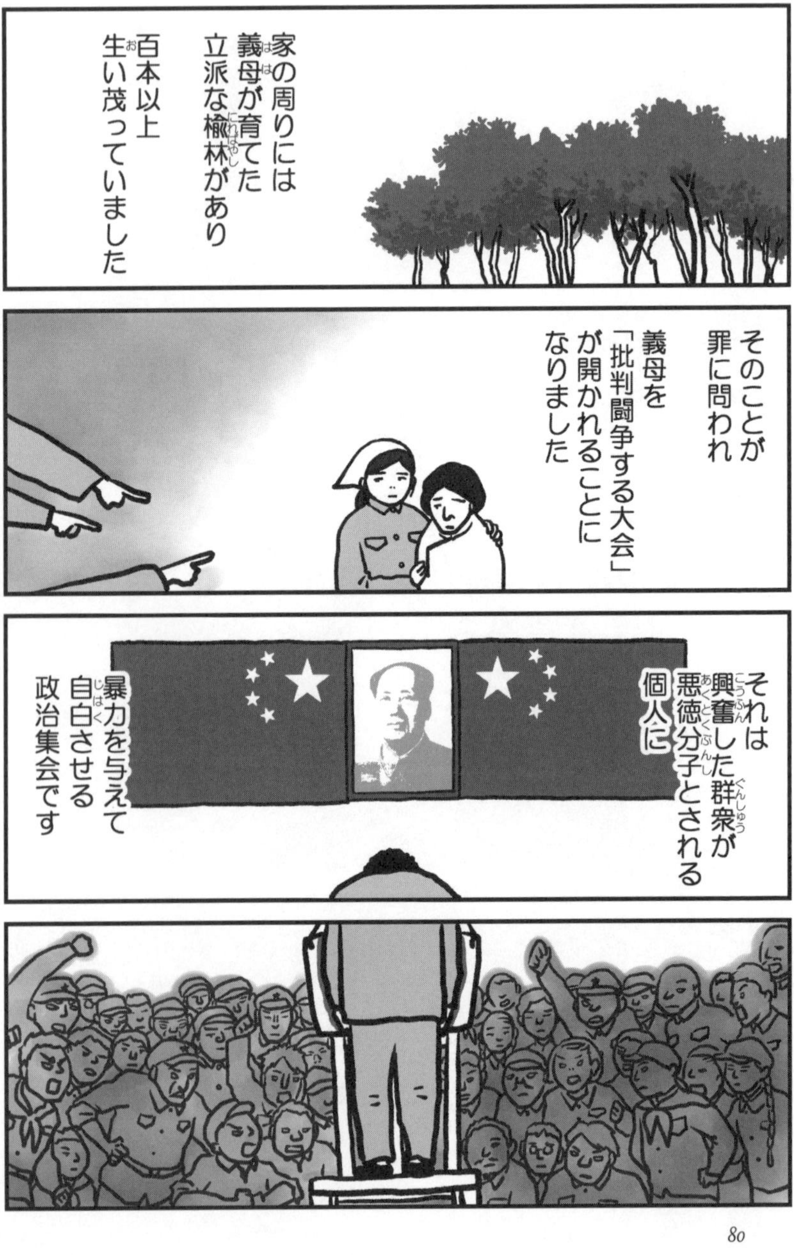
家の周りには
義《は》母《は》が育てた
立派な楡林《にればやし》があり
百本以上
生《お》い茂っていました
そのことが
罪に問われ
義母を
「批判闘争する大会」
が開かれることに
なりました
それは
興奮《こうふん》した群衆《ぐんしゅう》が
悪徳分子《あくとくぶんし》とされる
個人に
暴力を与えて
自白《じはく》させる
政治集会です

楡《にれ》一本は貧しい雇《やと》い人の漢人農民ひとりに換算《かんさん》する!!
つまりおまえは百人以上の漢人農民を雇って
牛馬のように酷使《こくし》した反動的《はんどうてき》な搾取階級《さくしゅかいきゅう》の牧主だ!!
移動して放牧するモンゴル人に牧主という概念《がいねん》はありません
中国共産党が地主と牧主を人民の敵だと認定していたのです

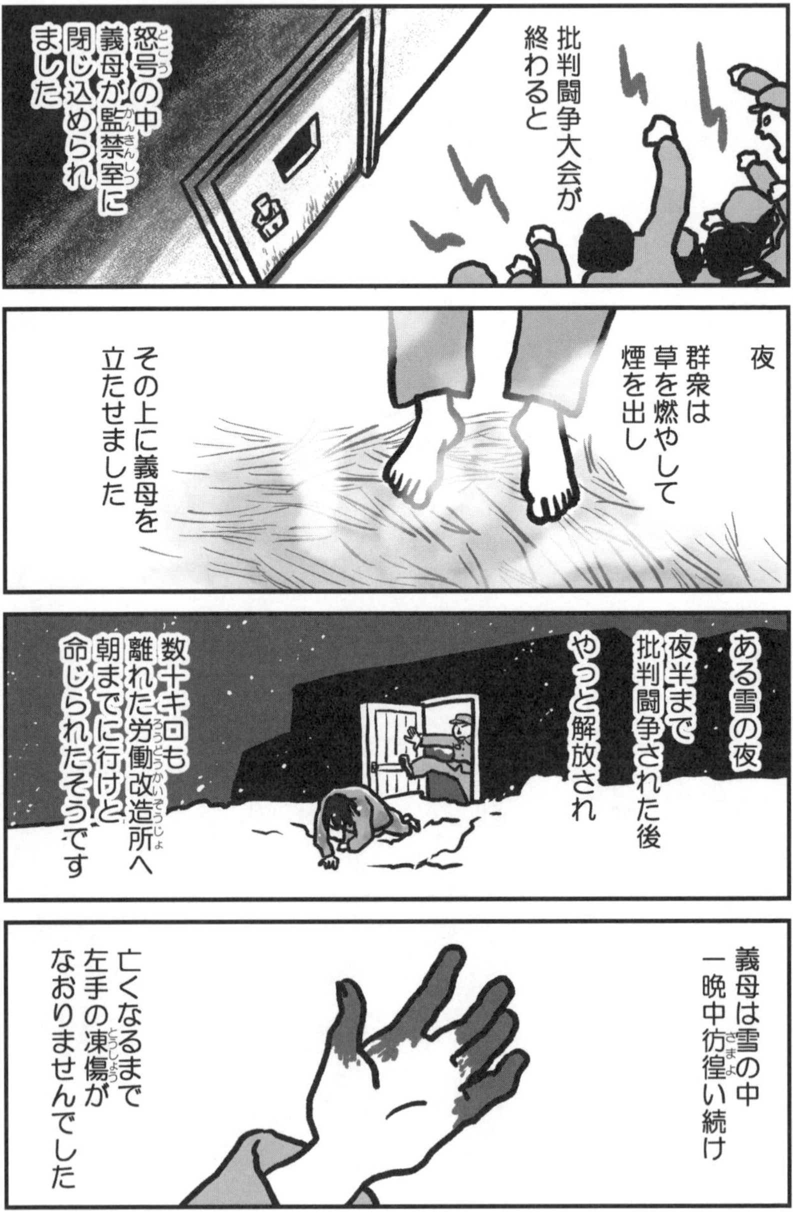
批判闘争大会が終わると
怒号《どごう》の中義母が監禁室《かんきんしつ》に閉じ込められました
夜
群衆は草を燃やして煙を出し
その上に義母を立たせました
ある雪の夜
夜半まで批判闘争された後
やっと解放され
数十キロも離れた労働改造所《ろうどうかいぞうじょ》へ朝までに行けと命じられたそうです
義母は雪の中一晩中彷徨《さまよ》い続け
亡くなるまで左手の凍傷《とうしょう》がなおりませんでした

夫が いなくなった 我が家に
数人の男たちが 闖入《ちんにゅう》してきました
〝抄家《チャオチャ》〟です
家を荒らし
暮らしている 人間をリンチし
家財《かざい》道具を 没収《ぼっしゅう》することを 指します

一九六六年八月毛沢東が
〝四旧※を打ち破る運動〟を呼びかけたことから
国家が後ろ盾《だて》になって全国の熱狂的な紅衛兵《こうえいへい》たちが社会に繰り出し焼き討ちと引き回しを行いました
こうした共産主義革命が遅れて内モンゴルにもやってきたのです
おまえら反動的な牧主は
レンガの建物に住んでいる
絶対に許されない搾取《さくしゅ》行為だ
すべての財産を没収する！

※ 旧思想・旧文化・旧風俗・旧習慣

抵抗は
しませんでした
こらっ
はなせっ
！
息子が
夫が天津で
買ってきた
ラジオだけは
手放そうとせず
〜〜〜〜〜〜〜〜〜〜!!
〜〜〜〜〜〜〜〜〜!!

ムフンダライは
気絶した息子の
指を一本ずつ
強引に引き離して
ラジオを持って
いきました
我が家に
残ったのは
フトン一枚だけ
でした

レンガの家には鍵がかけられ
倉庫に使っていた掘っ立て小屋で寝ることになりました
翌年
彼らはまたやってきて
私たちが仕事として放牧していた
人民公社所有のヒツジとヤギ三百頭を没収すると言うのです

おまえたち反動的な黒い人間《ハラ・クン》には放牧の権利がない！
よってすべての家畜を没収する！
それじゃうちは暮らしていけなくなってしまいます
反革命分子にも生活する権利はありますよ！
うるさい！
ピ

オーノス！
おねがいです！この子だけは連れていかないでください！
この子はまだ小さいでしょ
お願いします！
邪魔《じゃま》だ！早くこっちへよこせ
その青い仔ヤギは
息子のよき遊び相手でした

「モンゴル人が
生きているのは
家畜のおかげだ」
という
古い諺《ことわざ》があります
モンゴル人から
家畜を奪うのは
生活の手段以上の
ことで
モンゴル人を
殺すも
同じことなのです

何もなくなった我が家にリンホワ（蓮華）という親戚《しんせき》の未亡人がやってきました
きれいさっぱりなくなったこと
・・・・
反動的な革命分子の家畜が没収されるのは
いい気味です
社会主義中国は
私たち貧しい人間の味方だ！

その夜義母を批判闘争する大会でリンホワは義母を
彼女は反動的な搾取階級牧主の腐《くさ》った妻です！
打倒 反党份子
いつも自分ばかり豚肉を食べていて
私たち貧しいものには野菜だけを与えていました
義母は生粋《きっすい》のモンゴル人で亡くなるまで豚肉を一回も食べませんでした
この地域のモンゴル人は豚を飼《か》わなかったし野菜も作っていません
打倒
リンホワの夫は中国共産党の刑務所内で亡くなっています
彼女の嘘《うそ》を皆わかっていました

一九七〇年三月生活できなくなった私たち親子は
配置換えを申請しヒツジを二百頭譲り受けることになりました
迎え入れる途中
ボルバワー老人の家で休憩しました
息子は一年ぶりに触れたヒツジの群れから
一歩たりとも離れようとしませんでした

ボルバワー夫妻はウーシン旗《ホショー》西部の有名なお金持ちでした
私らも今〝反動的な牧主〟だと批判されているが搾取《さくしゅ》なんかじゃない
苦労して誰よりも働いて家畜を増やしたんだ
貧しかったモンゴル人もいたが
怠《なま》け者かアヘンに手をだしたかだろう
アヘンを中国共産党が内モンゴルにもたらしたことは
誰も口にはしませんでした

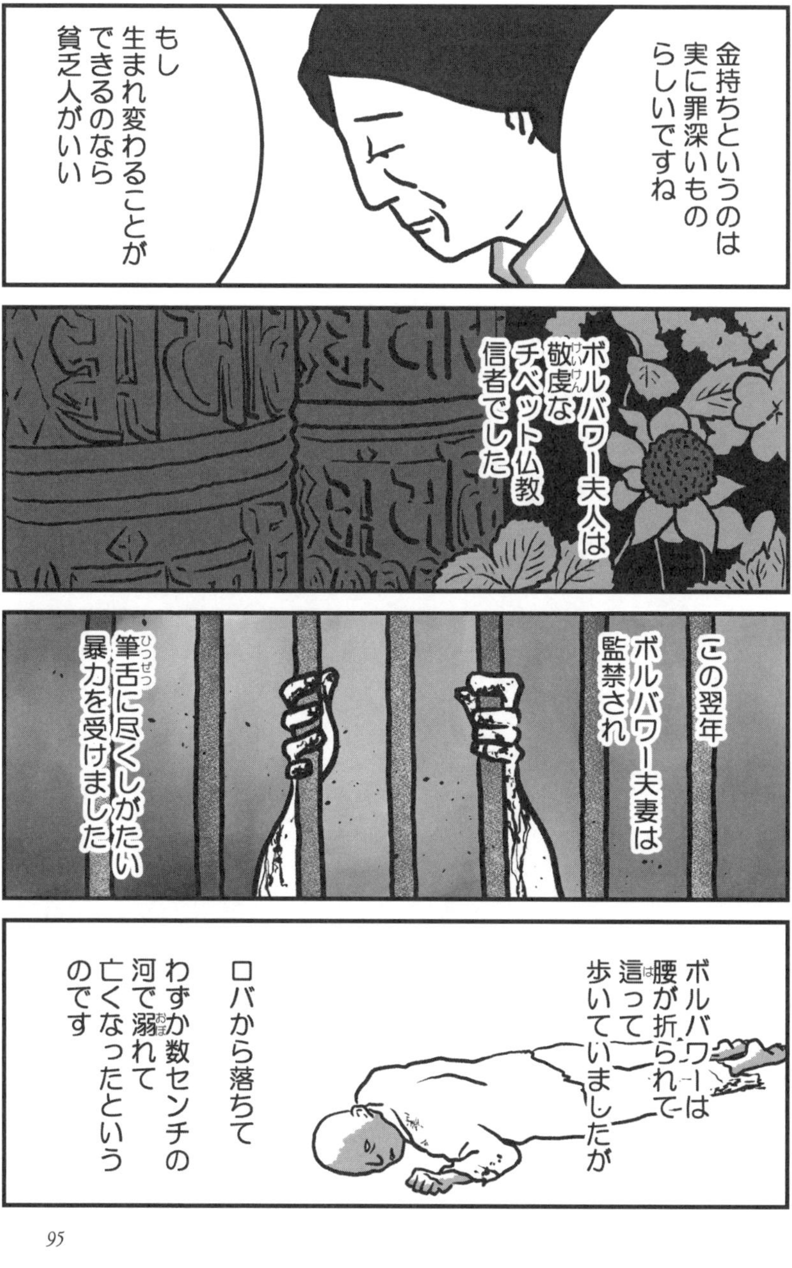
金持ちというのは実に罪深いものらしいですね
もし生まれ変わることができるのなら貧乏人がいい
ボルバワー夫人は敬虔《けいけん》なチベット仏教信者でした
この翌年ボルバワー夫妻は監禁され
筆舌《ひつぜつ》に尽くしがたい暴力を受けました
ボルバワーは腰が折られて這《は》って歩いていましたが
ロバから落ちて
わずか数センチの河で溺《おぼ》れて亡くなったというのです

その翌年
ボルバワー夫人も
漢人の民兵たちに
腰を折られて
亡くなりました
昼は農作業
夜は深夜まで
リンチ
虐待の終わった
夜半に
家畜小屋で
数時間休みを取る
そんな毎日の中
多くのモンゴル人が
亡くなり障害者《しょうがいしゃ》に
なっていったのです
虐待に熱心
だったのは
一九五〇年代に
オルドス地区に
移り住んだ農民らで
モンゴル人を
酷く敵視《てきし》
していました

ブォーー
お母さん
また
ムフンダライが
来たよ
……
そうら
かかれーー!!

ザクッ
彼らは
我が家の玄関先から
草原に
容赦《ようしゃ》なく
鍬《くわ》を
入れ始めました
家畜の囲いも
壊されました
井戸の周りを
畑にされたら
ヒツジが水を
飲めなくなって
しまうわ
やめろ!

国有財産である
ヒツジが長期間
水を飲めなければ
死んでしまい
その責任は
私たちに
かかってくるのです
中国政府の
公式見解では
一九六九年五月で
文化大革命に
おいての
迫害や虐殺は
ストップしたと
されていますが
オルドスの
草原では
一九七〇年に
なっても
一向に
止みませんでした
私と
六歳の息子では
群衆の
「革命行動」を
止めるすべが
ありませんでした

五月の末から
漢人農民たちが
我が家の玄関先に
地下トンネルを
掘り始めました
彼らは
あきらかに
我が家の崩落《ほうらく》を
狙《ねら》っていました
私たちは
我が家を
滅茶苦茶《めちゃくちゃ》にし
大切な
ラジオを奪い
青い仔ヤギを奪った
ムフンダライに
襲《おそ》い掛かったのです
…この
ガキ〜〜

覚えておけ
バイワル
悪い人間からは
悪い子しか
生まれない
今度抵抗したら
この子を井戸に
捨ててやる
ヒツジが水を
飲めない日々が
続きました

恐る恐る
ヒツジたちが
井戸に近づこうと
すると
漢人農民が
爆竹を鳴らして
追い払うのです
ヒツジには
罪がないのだから
水を飲ませて
くれないか
ムフンダライ
あなたも
モンゴル人だろう
やなこった
ほうらよ
飲んでみろ！
何てことを！
モンゴル人にとって
水は神聖なものだ！
♪
昔
我が家を襲った
匪賊《ひぞく》の連中でも
井戸は汚さなかった

なんだと？
社会主義中国では
こうやって
井戸を汚すことが
革命的行動で
正しいとされました

こ・・・の
女《アマ》!
お母さん!
やめろ
やめろーーーーーーーーー!!

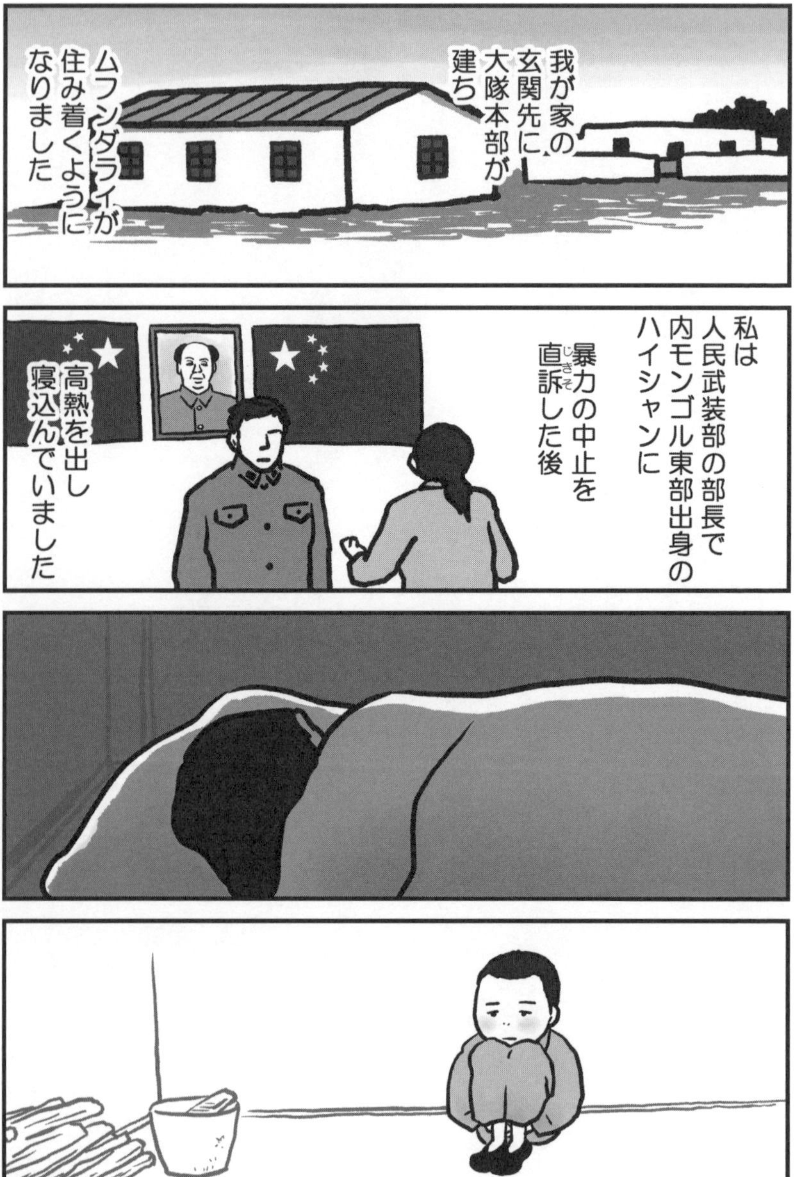
我が家の玄関先に大隊本部が建ち
ムフンダライが住み着くようになりました
私は人民武装部の部長で内モンゴル東部出身のハイシャンに暴力の中止を直訴《じきそ》した後
高熱を出し寝込んでいました

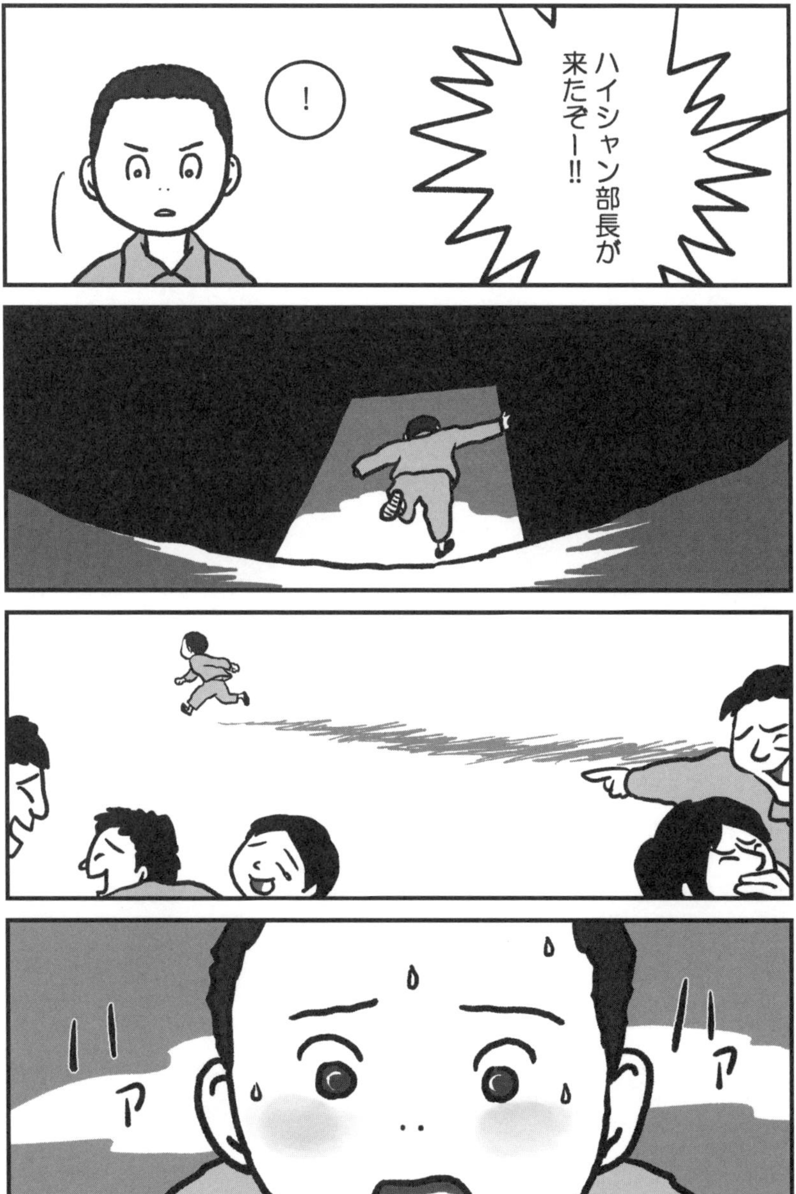
ハイシャン部長が来たぞー!!
!
ハア
ハア

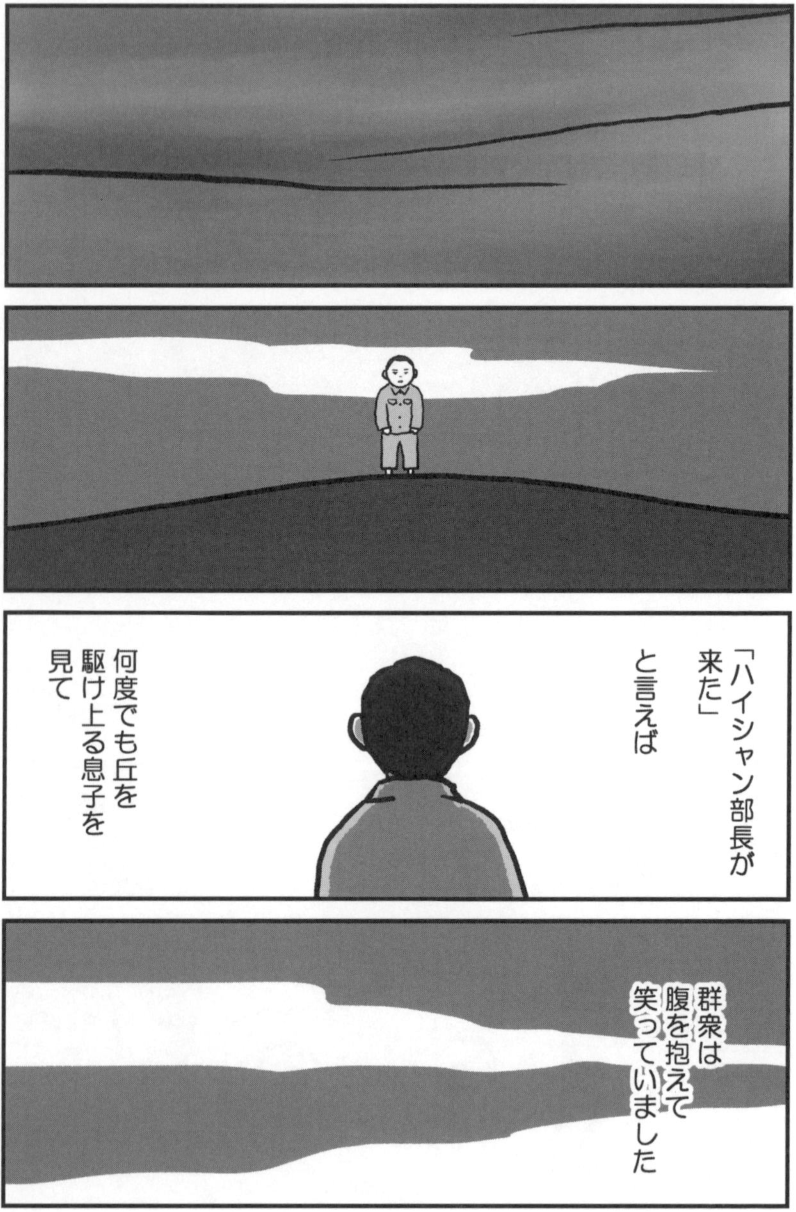
「ハイシャン部長が
来た」
と言えば
何度でも丘を
駆け上る息子を
見て
群衆は
腹を抱えて
笑っていました

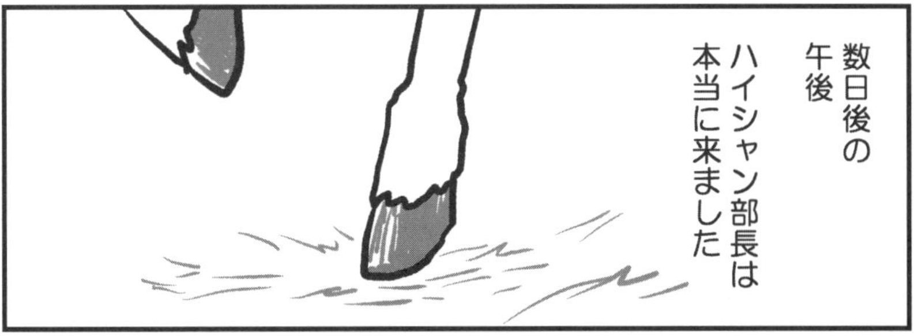
数日後の
午後
ハイシャン部長は
本当に来ました

ハイシャン部長も
日本刀をぶら下げた
モンゴル人で
日本語が堪能《たんのう》でした
それ故《ゆえ》に逮捕《たいほ》され
長期間リンチを
受けていた人です
よく
聴きなさい

玄関先から二十歩以内には畑を作ってはいけない
反動分子に対して
力ではなく口頭で闘争しなくてはならない
ヒツジは人民公社の大切な財産だ
必ず
水を飲ませなさい

よいな
…は
はいっ!!

…お母さん
ぼくは将来
ハイシャン部長のようになりたい

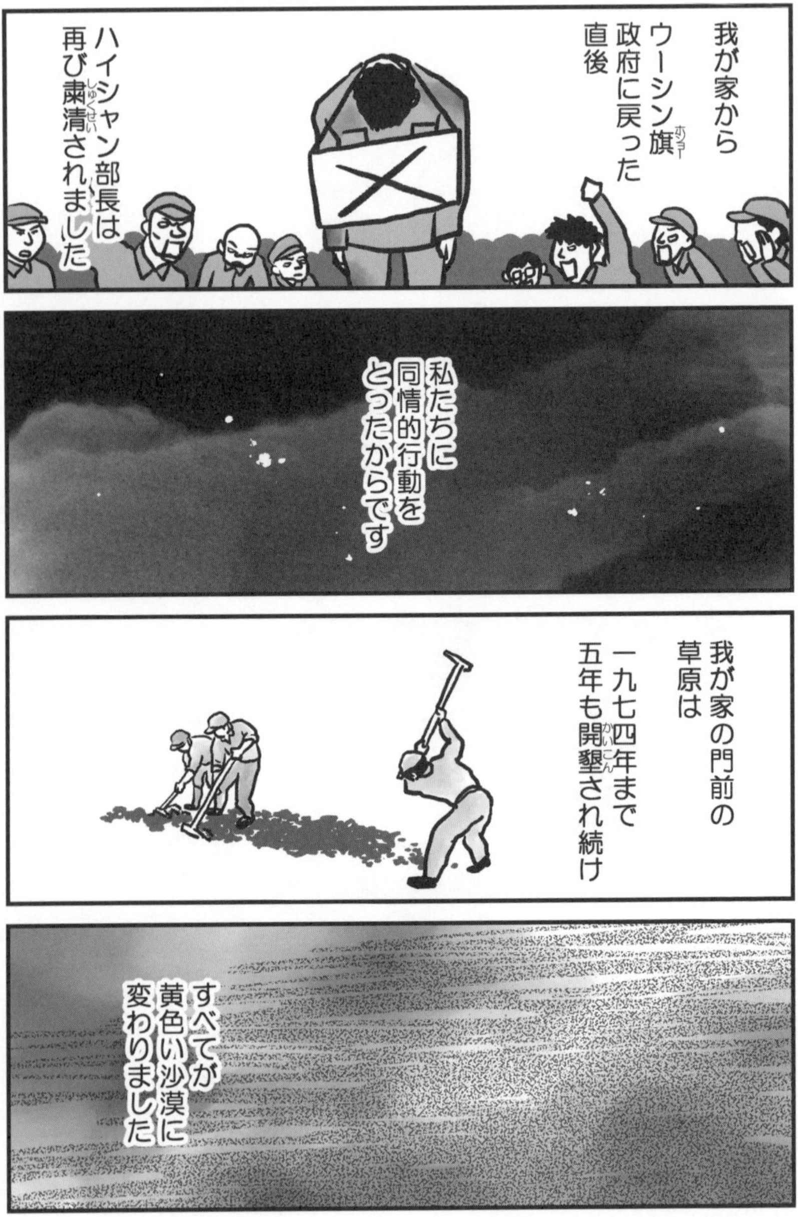
我が家から
ウーシン旗《ホショー》
政府に戻った
直後
ハイシャン部長は
再び粛清《しゅくせい》されました
私たちに
同情的行動を
とったからです
我が家の門前の
草原は
一九七四年まで
五年も開墾《かいこん》され続け
すべてが
黄色い沙漠に
変わりました

じいちゃん 教科書に〝中国共産党は偉大《いだい》だ〟って書いてある
本当？
ろくな連中《れんちゅう》じゃないさ
じいちゃんは彼らにやられた
外では言うんじゃないぞ

生き地獄のような虐殺の嵐が過ぎ去りました
1974年
共産党員だった私は
生産大隊の婦女主任になりました
「平反《ピンファン》」と呼ばれる名誉回復の活動の中
会議の中でモンゴル人がどのように虐殺されたか様々な事例を知りました

白玉蘭という
美しいモンゴル人
女性がいました
ジュンガル旗《ホショー》
出身で
ハンギン旗育ち
夫の名は
ジャラングルバ
（中国名　楊文華）
夫婦ともに
「内モンゴル
人民革命党員」
として
逮捕されました
一九六九年
五月末
白玉蘭が
〝自殺した〟
と夫に
知らせが入り
親戚の者たちと
見に行くと

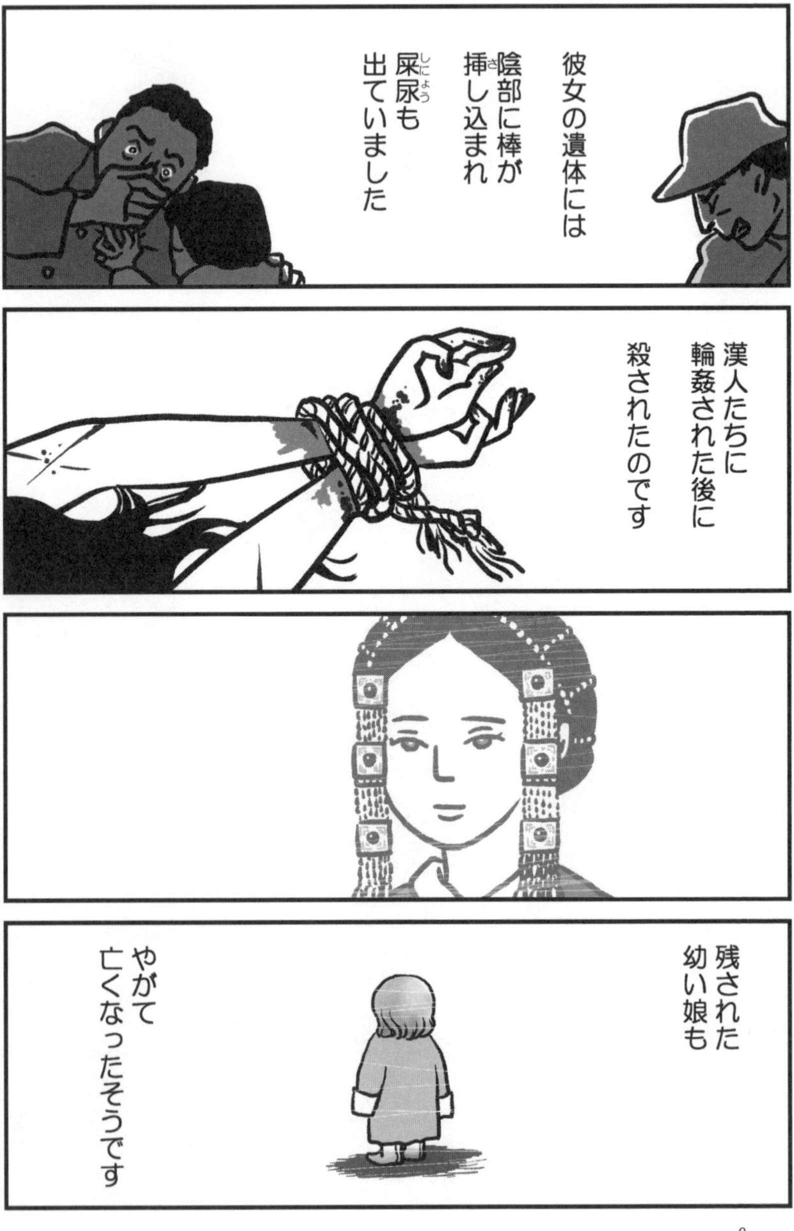
彼女の遺体には
陰部に棒が
挿《さ》し込まれ
屎尿《しにょう》も
出ていました
漢人たちに
輪姦された後に
殺されたのです
残された
幼い娘も
やがて
亡くなったそうです

トゥメト地域
将軍窯子《ジャンチュン・ヨース》に
綺麗なモンゴル人の
娘がいました
ある漢人の
共産党幹部が
見そめ
彼女と結婚
したがって
いました
しかし
彼女はそれを
断って
モンゴル人と
結婚しました
すると
文化大革命中に
漢人たちは
硝子の破片を
張り詰めた土塀の
上に
彼女の夫を
乗せて

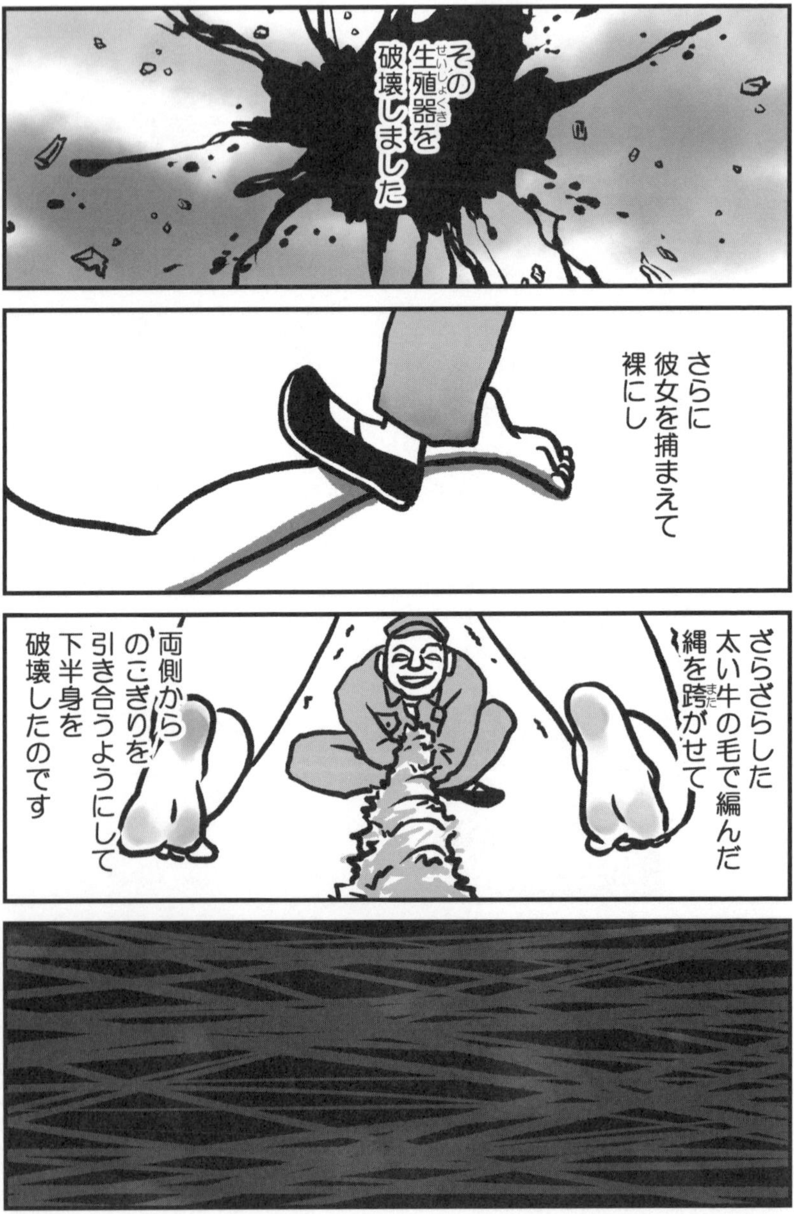
その生殖器《せいしょくき》を破壊しました
さらに彼女を捕まえて裸にし
ざらざらした太い牛の毛で編んだ縄を跨《また》がせて
両側からのこぎり合うようにして下半身を破壊したのです

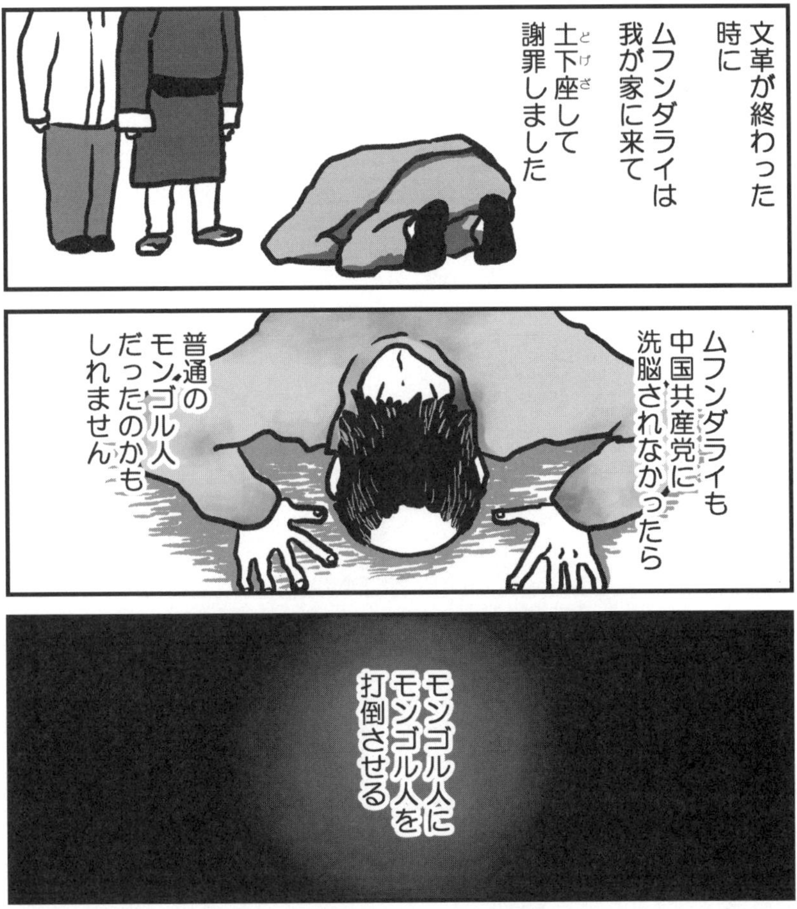
文革が終わった時に
ムフンダライは我が家に来て
土下座《どげざ》して謝罪しました
ムフンダライも中国共産党に洗脳されなかったら
普通のモンゴル人だったのかもしれません
モンゴル人にモンゴル人を打倒させる
そんな共産党の策略《さくりゃく》の尖兵《せんぺい》となったムフンダライは
その後貧困の道を辿《たど》り娘は急死
※その亡骸《なきがら》は漢人に盗まれてしまいました

※ 漢人には冥婚《めいこん》（未婚で亡くなった若者の魂を弔《とむら》うために亡くなった男女を挙式させる）の風習がある

当時
モンゴル人の命には
何の価値《かち》もなく
虫ケラ同然でした
私は
若い頃
努力して
中国共産党に
入りました
でも
良いことは
ひとつもなかった
せめて
やめる自由を
ください

私は
共産党を
脱退《だったい》しました
昨日
何を食べたかも
すぐには
思い出せませんが
文化大革命中の
出来事なら
絶対に
忘れることは
ありません

この物語は
内モンゴル自治区
ウーシン旗《ホショー》オルドスの
モンゴル人女性
バイワルの証言に基《もと》づく

当時
内モンゴルの
全人口は
一千三百万人で
モンゴル人は
一五〇万人弱

操作された
控えめな中国政府の
公式見解を信じれば

三四万六千人が
内モンゴル人民
革命党員などと
見なされ

うち
二万七千九百人が
殺害され死亡
拷問《ごうもん》で
身体障害者に
なった者は
十二万人に達する

内モンゴル自治区で
起きた中国政府に
よる大量虐殺は
しっかりと検証
されたことはなく

現在の
内モンゴル
自治区では

二〇二〇年から
再び文革期同様の
厳しい弾圧が
行われている

第3話 本当の支配者

―トブシンの物語―

「日本刀をぶら下げたモンゴル人」抜きに
内モンゴルの歴史は語れない
それはモンゴル人にとって憧れであり
文武両道に長《た》けたエリートの証

私は
トブシン
モンゴル人
です
一九二五年
三月七日
内モンゴル東部
※王爺廟《ワンギンスメ》
で生まれました
第二次世界大戦前
内モンゴル東部は
満洲国
日本が立ち上げた
満洲国に編入
されていました
その中で
多くのモンゴル人
青年が
日本への留学を
果たしていたのです

※ おうやびょう。現在のウラーンホト（赤い都の意）

私が学んだ
国民高等学校でも
留学するなら
日本の一高だ
というのが
漢人の青年教師の
口癖でした
私は
留学を目指し
日本から
英語の教科書を
取り寄せて
勉強に励みました
一九四三年春

百人のモンゴル人の
ひとりとして
選ばれ
飯田橋の
満洲国留日
学生会館に
たどり着きました

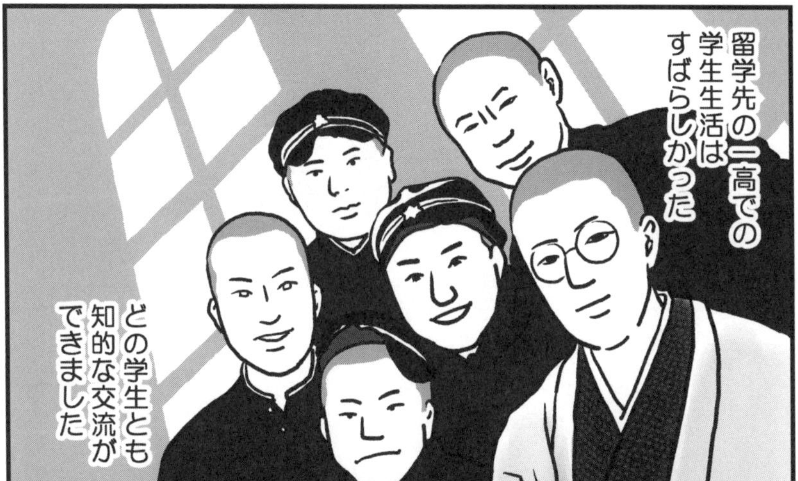
留学先の一高での
学生生活は
すばらしかった
どの学生とも
知的な交流が
できました

しかし
戦況《せんきょう》は悪化し
帝国大学文学部に
入ったものの
留学は二年で
終わりを迎えます

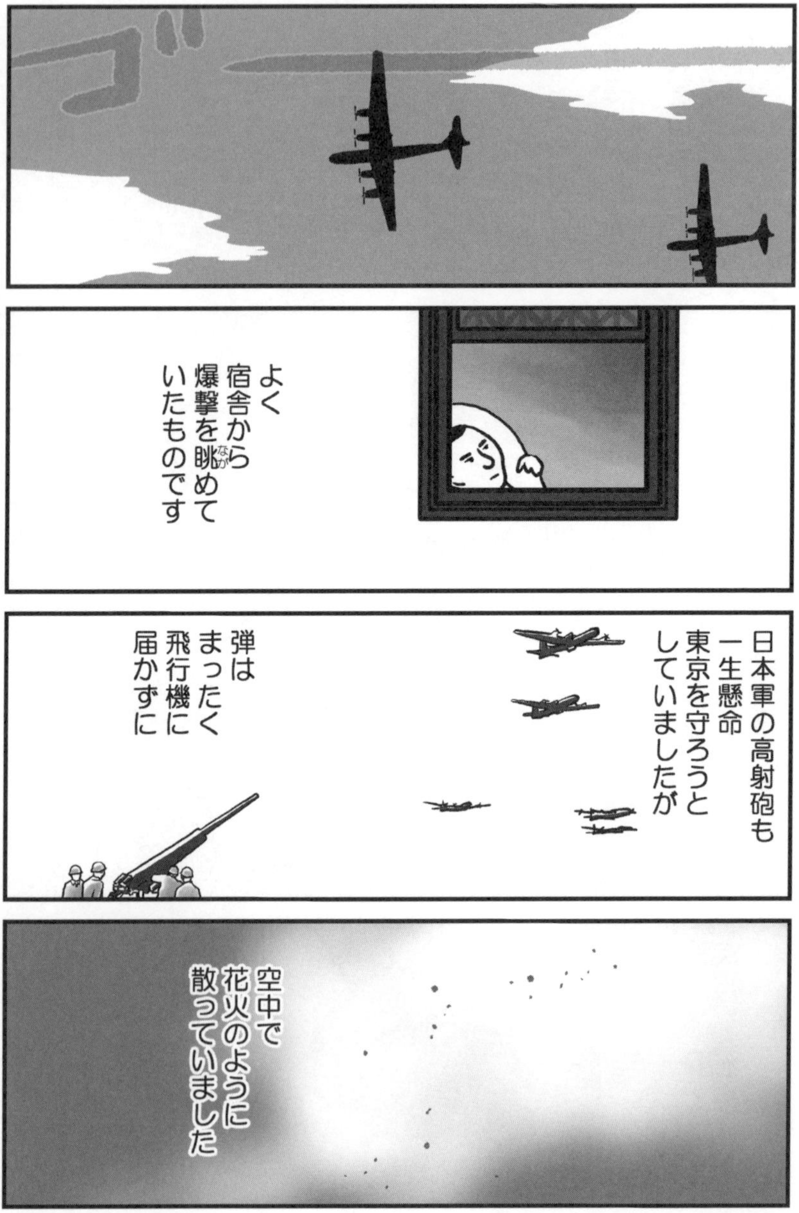
ゴ
よく
宿舎から
爆撃を眺《なが》めて
いたものです
日本軍の高射砲も
一生懸命
東京を守ろうと
していましたが
弾は
まったく
飛行機に
届かずに
空中で
花火のように
散っていました

資本論五
資本論四
資本論三
資本論二
資本論一
マルクス
マルクス
レーニン全集
レーニン全集
共産党宣言
経済学批判
ハハ・・・
・・・すごい
すごい
すごい!
共産

日本は共産主義思想の学びの宝庫でした
私は密かに書籍を読み漁《あさ》り膨大《ぼうだい》な量のノートを取りました
これは必ず
役に立つ
留学を中断して帰国することになっても
私たちはまったく落胆《らくたん》しませんでした
故郷に帰って
モンゴル人の新しい国を創《つく》るという希望に満ちていました

これからは
自分たちの運命は
自分たちで
決めるんだ！

きっと
日本統治下より幸せになれるに違いない
日本の統治下モンゴル人は静かに暮らすことができました
日本軍は普通のモンゴル人を対象に虐殺を行ったことは一度もなかった
あの時代は本当によかった

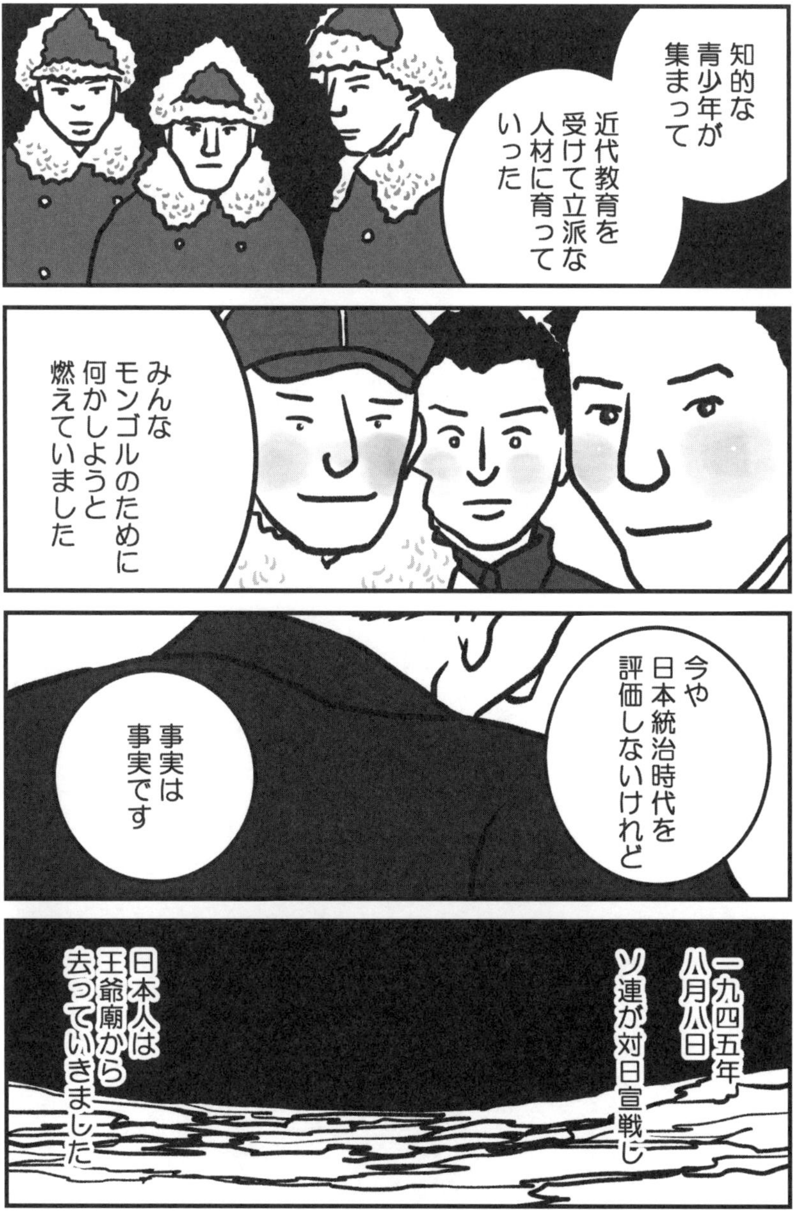
知的な青少年が集まって
近代教育を受けて立派な人材に育っていった
みんなモンゴルのために何かしようと燃えていました
今や日本統治時代を評価しないけれど
事実は事実です
一九四五年八月八日ソ連が対日宣戦し
日本人は王爺廟から去っていきました

私は二十歳《はたち》でした
ソ連の十月革命の偉大な影響を受けて
一九二五年我が内モンゴル人民革命党は結成された！
一九三一年に日本軍が東北に入り革命活動ができなくなり地下に転じた
十四年間もだ

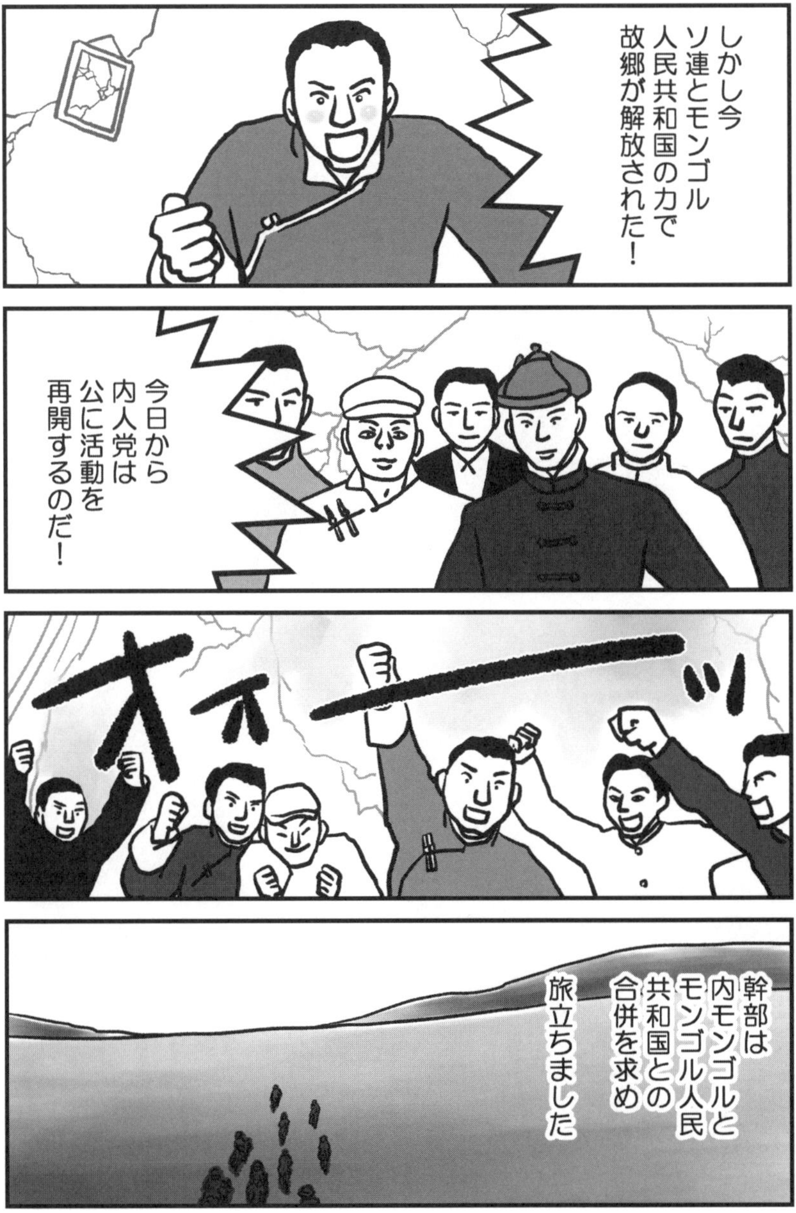
しかし今
ソ連とモンゴル
人民共和国の力で
故郷が解放された！
今日から
内人党は
公に活動を
再開するのだ！
オォーーーッ
幹部は
内モンゴルと
モンゴル人民
共和国との
合併を求め
旅立ちました

合併は
受け入れ
られない
君らは
中国に留まり
毛沢東とともに
革命を
進めるのだ
外モンゴルの
背後には
ソ連がいます

「タタールの軛《くびき》」
かつて長い間ロシア人はモンゴル帝国に支配されたので
モンゴル人（タタール）の国が巨大になることを嫌うのです
贈られたレーニン服を着て帰ってきた幹部もいるのか・・・
・・・情けない

いったいどうしたら
モンゴル人の民族自決が実現するのか
嘆《なげ》くな
我々は興安《こうあん》軍騎馬隊の精鋭《せいえい》だ
立ち上げたこの東モンゴル人民自治政府を
確かなものに育てていけば
必ず未来は開ける
この行き場のない独立心を抱えた「日本刀をぶら下げた連中」を
彼らが放っておくはずがありませんでした

一九四六年四月
熱河《ねっか》省承徳で
内モンゴルの
東西を
統一させよう
という会議が
中国共産党の
主導で行われ
ました
雲澤《ユンセ》・
（後のウラーンフー）
劉春《りゅうしゅん》

どうだろう
我々は東西モンゴルの統一を 願ってやまない
ひとつここは団結して歩もうではないか
組織は大きい方が良い
内モンゴル自治運動聯合《れんごう》会の下《もと》共に闘おう
同志よ!

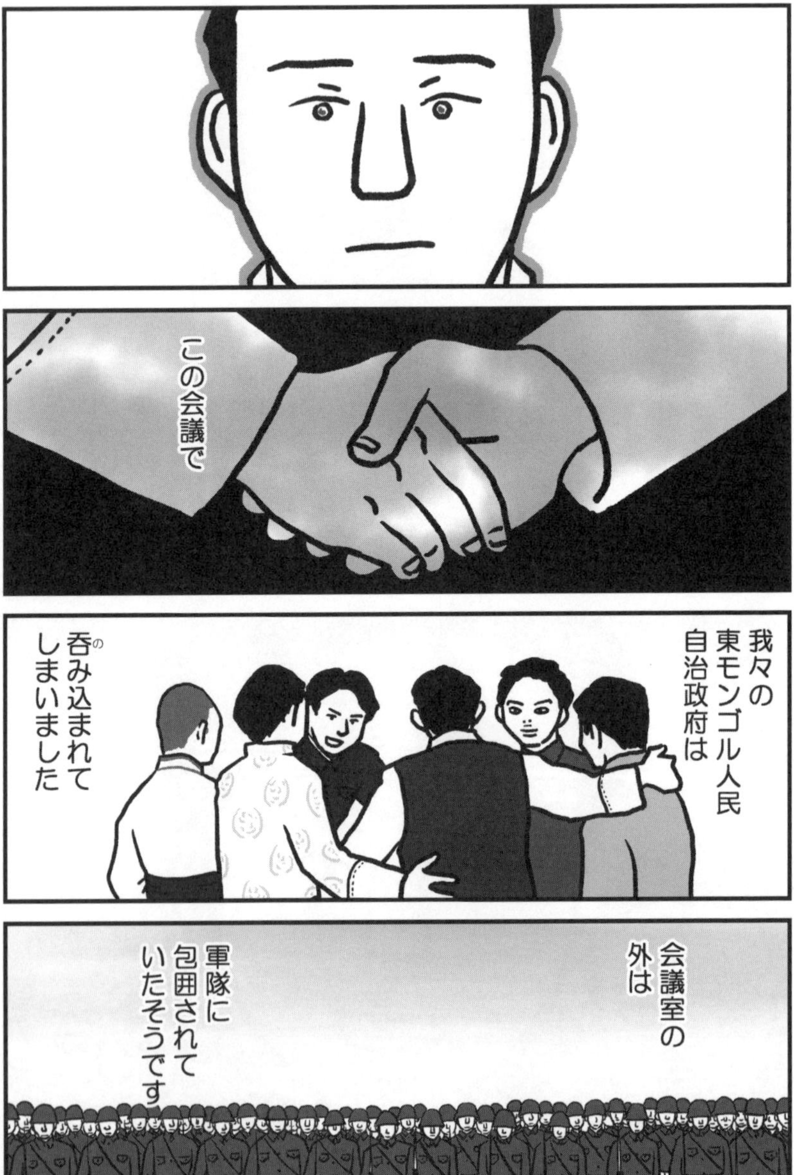
この会議で
我々の
東モンゴル人民
自治政府は
呑《の》み込まれて
しまいました
会議室の
外は
軍隊に
包囲されて
いたそうです

モンゴル語の話せない若いモンゴル人
雲澤は名ばかりのリーダーで
すべて漢人の劉春が決めていました
劉春は
モンゴル人は未開で蒙昧《もうまい》な人々だ
そう言ってはばからない人物でした
これでモンゴル人有力者は続々と共産党に入党しました
この会議は平和的に合意した美談として中国で語られています

私も
共産党に入党し
興安盟分会の
主任となり
運動の中で
出会った
デレゲルマと
結婚しました
彼女は駿馬《しゅんば》に跨《またが》り
銃を携《たずさ》えた
美貌《びぼう》の
近代的女性でした
デレゲルマは
十二歳から王爺廟の
興安女子国民高等
学校で学びました

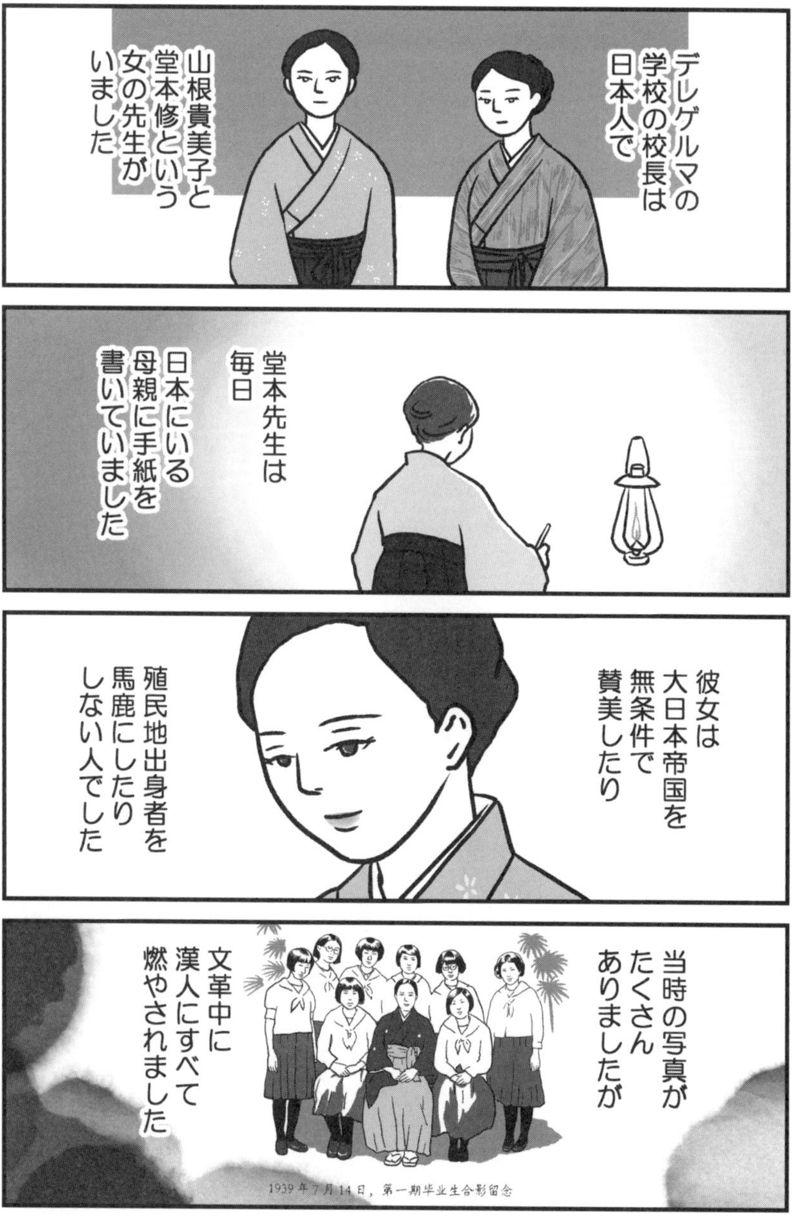
デレゲルマの学校の校長は日本人で
山根貴美子と堂本修という女の先生がいました
堂本先生は毎日
日本にいる母親に手紙を書いていました
彼女は大日本帝国を無条件で賛美したり
殖民地出身者を馬鹿にしたりしない人でした
当時の写真がたくさんありましたが
文革中に漢人にすべて燃やされました
1939年7月14日，第一期毕业生合影留念

内モンゴルで「平和的な土地改革運動」がスタートしました
いいか!
土地を持ってる奴らは皆搾取《さくしゅ》階級で罪人だ!
だから地主は懲《こ》らしめて殺《や》っちまえ!
そいつらを打倒すれば
没収した土地は共産党が俺たちに分けてくれるってよ
中国共産党万歳!
毛沢東主席万々歳!!

戦争中は財力のある地主に利用価値はありましたが
日本なき今
力あるモンゴル人など脅威なだけ
ましてや
日本に協力した過去を持つ
日本に影響を受けた者たちなど
粛清《しゅくせい》の対象でしかありませんでした
共産党のやり方は巧妙で
草原で暮らし放牧で生計を立てているモンゴル人を
地主という搾取階級に仕立てあげ

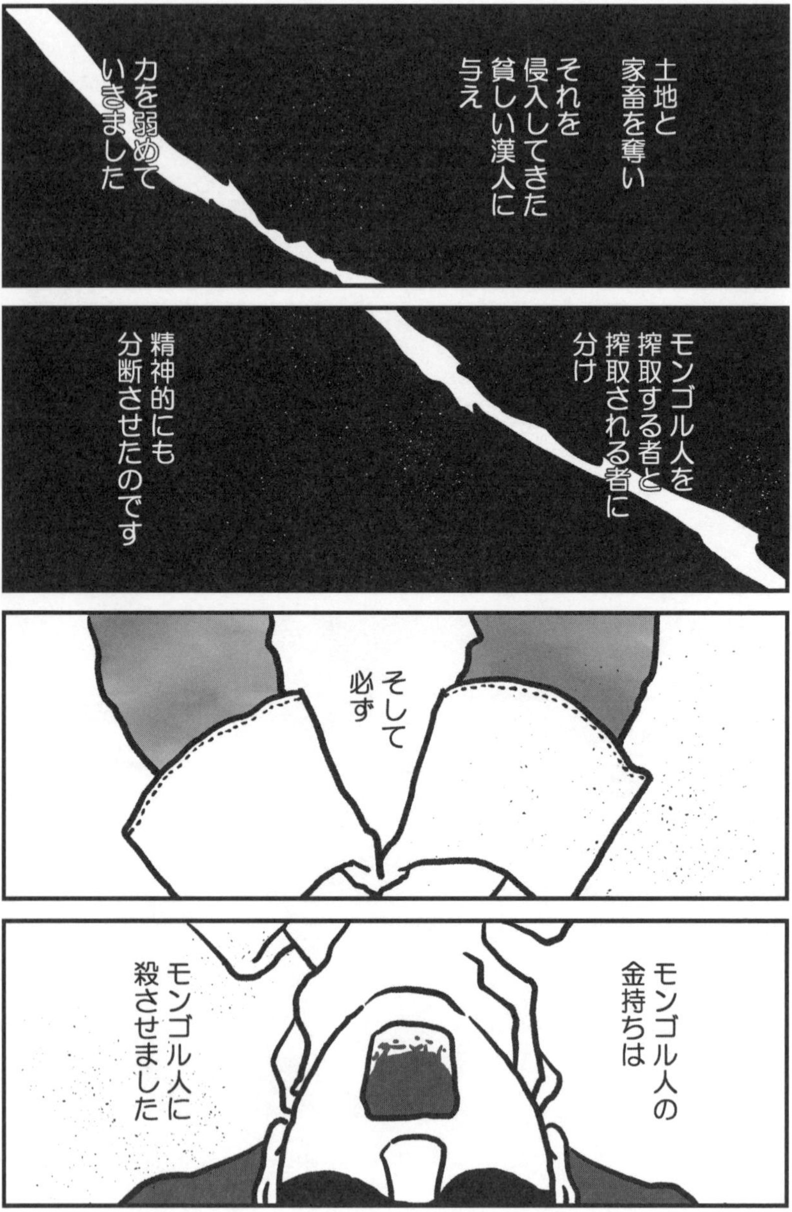
土地と
家畜を奪い
それを
侵入してきた
貧しい漢人に
与え
力を弱めて
いきました
モンゴル人を
搾取する者と
搾取される者に
分け
精神的にも
分断させたのです
そして
必ず
モンゴル人の
金持ちは
モンゴル人に
殺させました

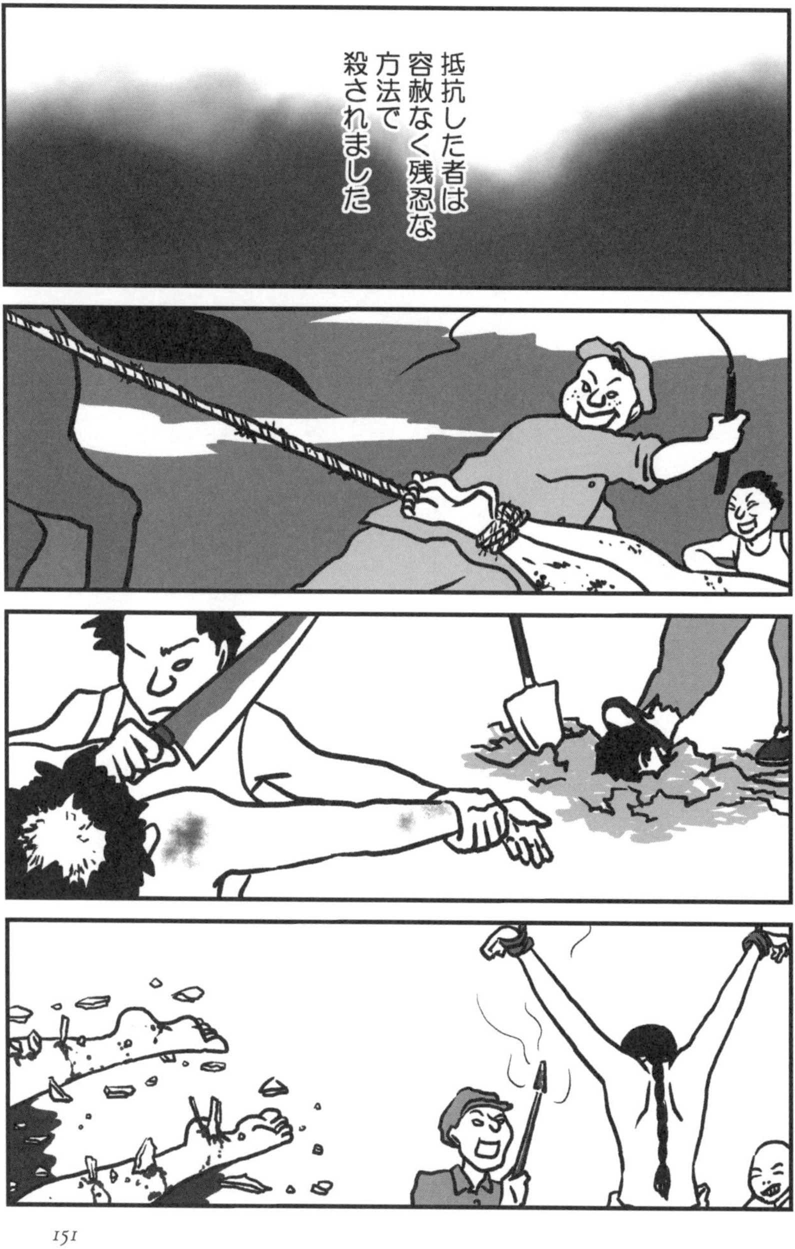
抵抗した者は
容赦なく残忍な
方法で
殺されました

私は長く共産党に勤めていましたが
フフホト市内の出版社に転勤し
国営人民出版社の社長に任命されました
一九五七年
「大鳴大放」という政府のキャンペーンが始まります
なになに?
〃おおいに政府や党に批判的な意見を述《の》べよう〃
〃自由に政治的な意見を議論し合おう〃
・・・か
各地で知識人を集め
意見交換会が開催されました

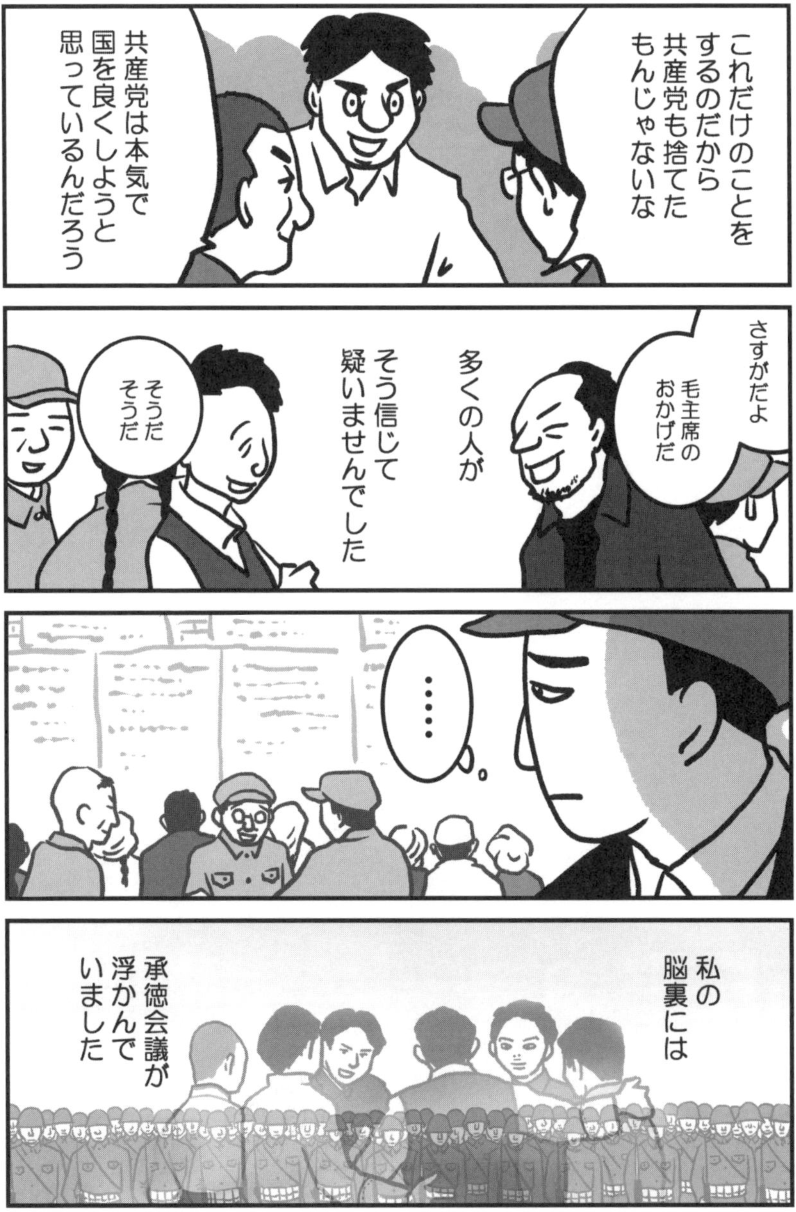
これだけのことをするのだから共産党も捨てたもんじゃないな
共産党は本気で国を良くしようと思っているんだろう
さすがだよ毛主席のおかげだ
多くの人が
そう信じて疑いませんでした
そうだそうだ
……
私の脳裏には
承徳会議が浮かんでいました

会議は戦場だ……
ブルッ
これは罠《わな》だろう
私のような民族的な人間を炙《あぶ》り出すための
どうするべきなのか……
私は発言しなくてすむ立場にはありませんでした

モンゴルは・・・
世界的に有名な民族です
しかし自治権が少なすぎて
何もできません
モンゴル文字が使われなくなり
政府には文化伝統を大切にしようという姿勢がみえない
表向きは発展しているように見えますが・・・
実は衰退なのではないですか？
モンゴル人は自治区の主人と言いますが・・・

本当の支配者は
漢人でしょう
ガタッ

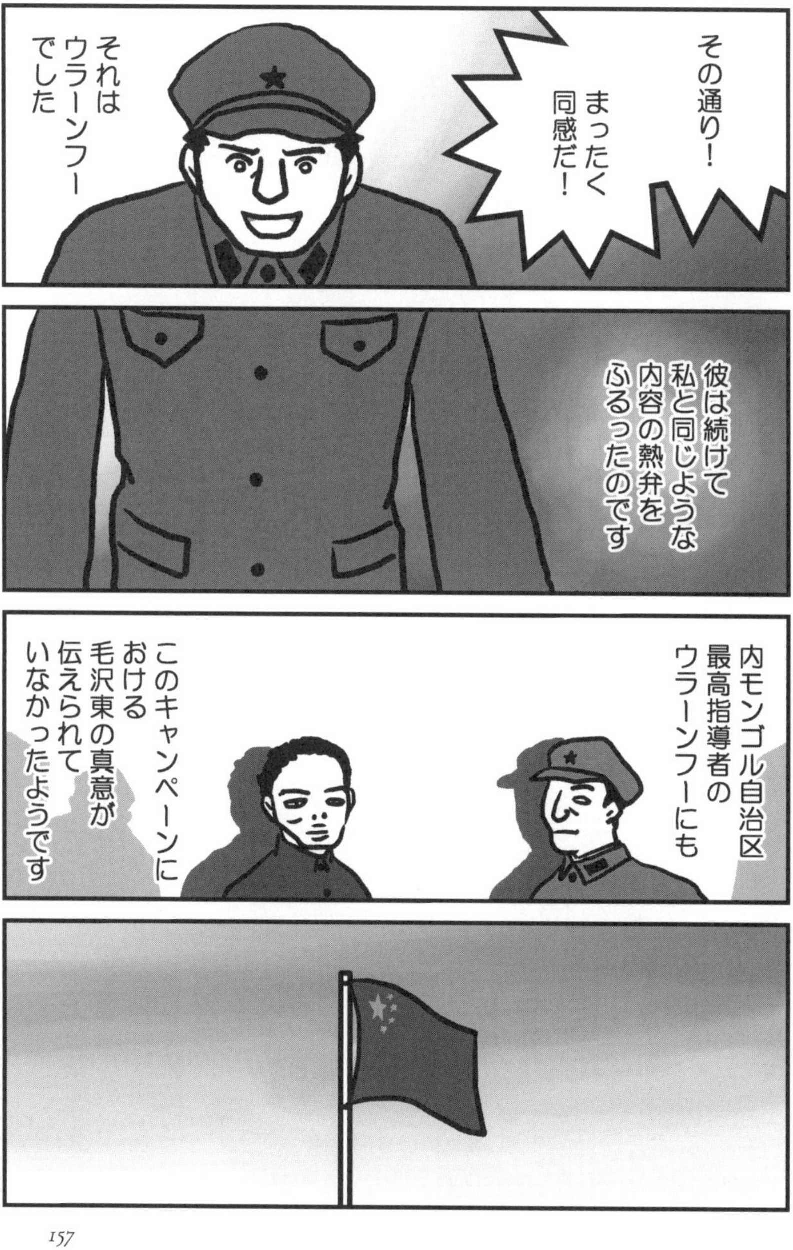
その通り！
まったく同感だ！
それはウラーンフーでした
彼は続けて私と同じような内容の熱弁をふるったのです
内モンゴル自治区最高指導者のウラーンフーにも
このキャンペーンにおける毛沢東の真意が伝えられていなかったようです

反動的で
反社会主義者の
右派を一掃しよう
1957年

その号令ひとつで
政府に
批判的な事を言った
知識人に対し
すさまじい
批判闘争が
始まりました
反右派闘争

漢人が跋扈《ばっこ》する
名ばかりの
自治区の様子を
細かく観察して
いたのが
チベットからの
訪問団でした

チベットは
中国から
侵攻を受けて
六年が
経《た》っていました
もし
中国の支配を
認めたら
将来
自分たちも
モンゴル人の
ように
惨《みじ》めな生活を
送ることになる
そう
悟《さと》ったに
ちがいあり
ません

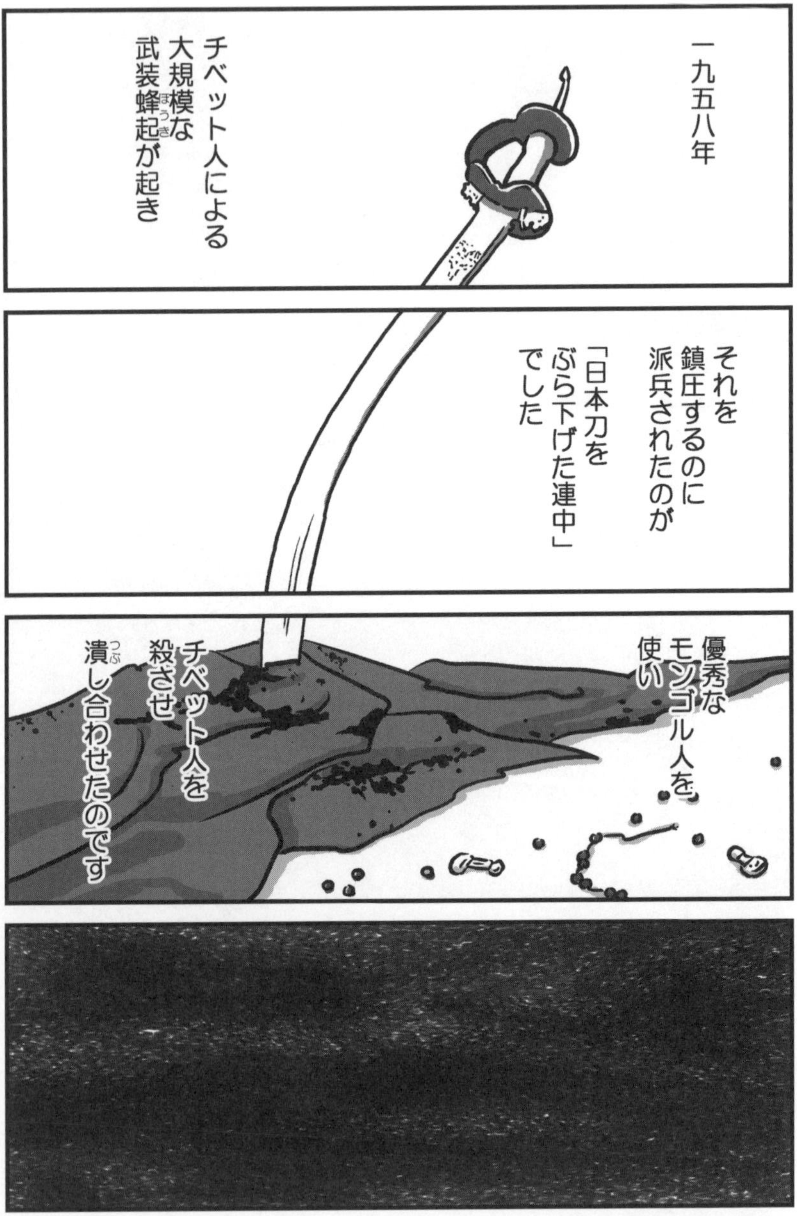
一九五八年
チベット人による
大規模な
武装蜂起《ほうき》が起き
それを
鎮圧するのに
派兵されたのが
「日本刀を
ぶら下げた連中」
でした
優秀な
モンゴル人を
使い
チベット人を
殺させ
潰《つぶ》し合わせたのです

私は党籍《とうせき》をはく奪され
労働改造で※ダム工事現場に送られました
過酷《かこく》な労働がたたり肺炎《はいえん》になり
次に送られたのは人民公社の食堂です
当時共同食堂は
共産主義の天国だと喧伝《けんでん》されていました
食堂办得好 生产劲头高
社員は自宅で食事することを禁止されていましたが
腹いっぱいになる食材などなく
深夜にスープを作って飢《う》えをしのいでいました

※「労働を通じて改造する」という理念であり、中華人民共和国で実施されていた反革命犯及び刑事犯の矯正処遇政策

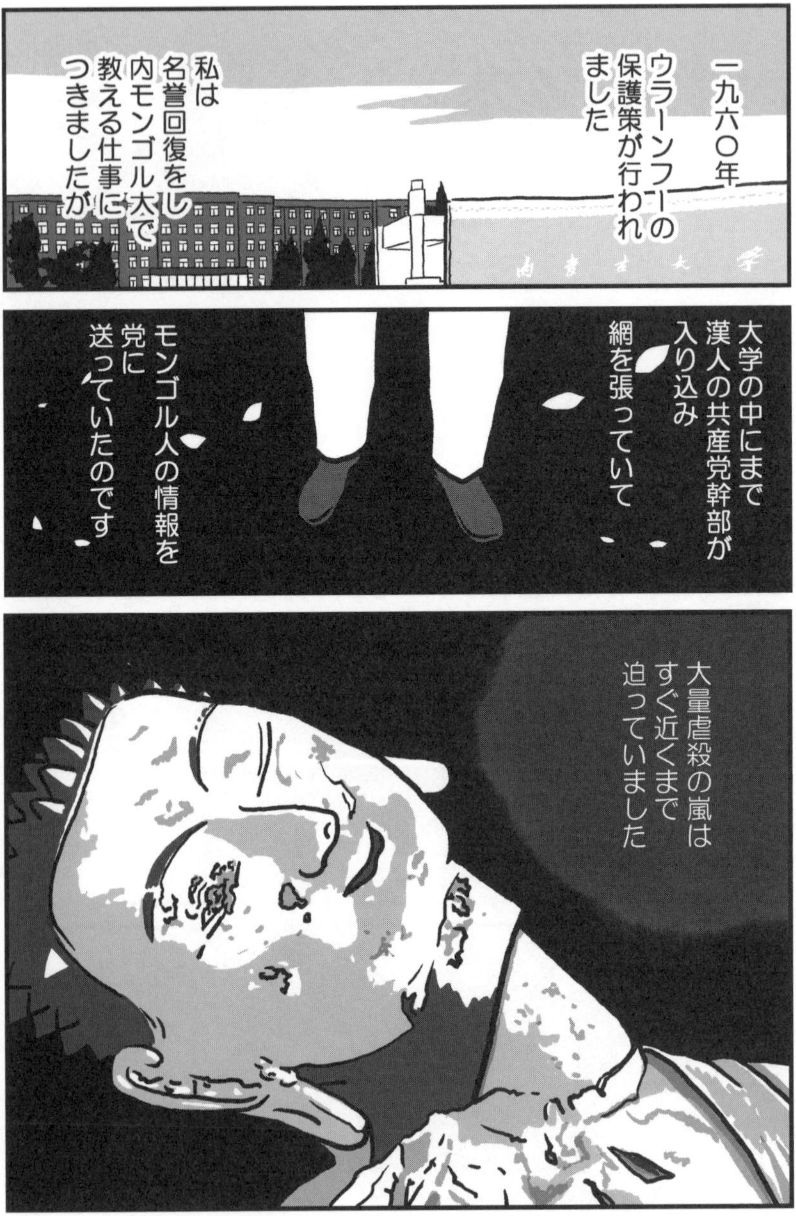
一九六〇年
ウラーンフーの
保護策が行われ
ました
私は
名誉回復をし
内モンゴル大で
教える仕事に
つきましたが
内蒙古大学
大学の中にまで
漢人の共産党幹部が
入り込み
網を張っていて
モンゴル人の情報を
党に
送っていたのです
大量虐殺の嵐は
すぐ近くまで
迫っていました

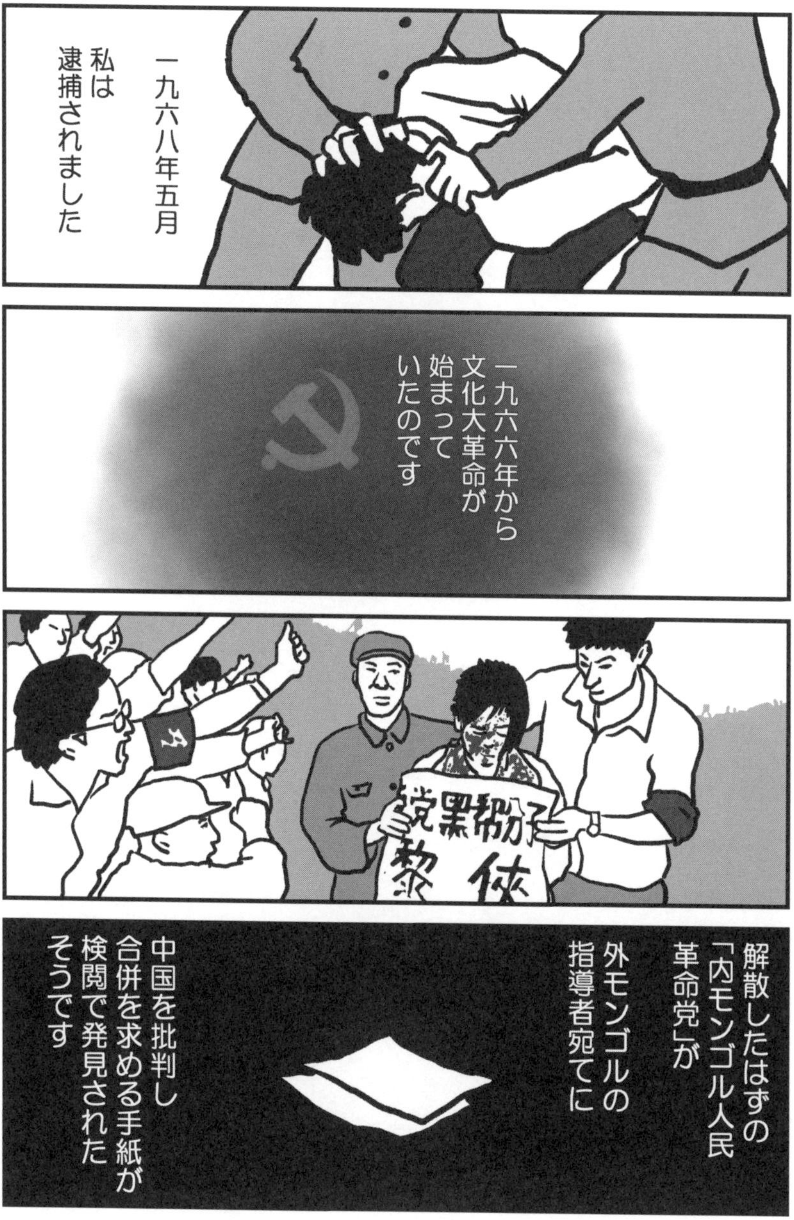
一九六八年五月
私は
逮捕されました
一九六六年から
文化大革命が
始まって
いたのです
解散したはずの
「内モンゴル人民革命党」が
外モンゴルの
指導者宛てに
中国を批判し
合併を求める手紙が
検閲で発見された
そうです

併《あわ》せて五年前の
一九六三年二月六日
内人党のメンバーと旧正月を祝って集まったことが
罪となりました
これはメンバーのボインジャブが四か月拘留された挙句《あげく》
十八時間拷問を受け
〃自白させられた〃捏造《ねつぞう》事件でした

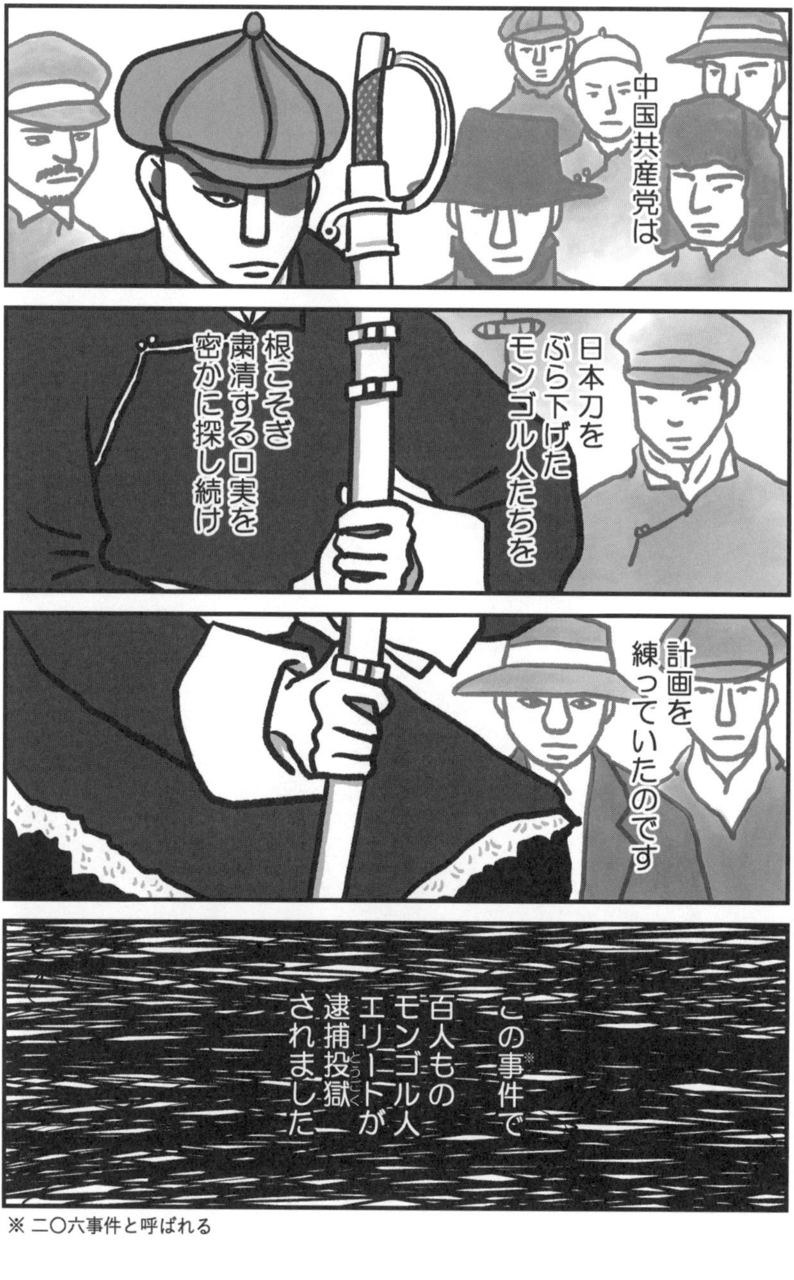
中国共産党は
日本刀を
ぶら下げた
モンゴル人たちを
根こそぎ
粛清する口実を
密かに探し続け
計画を
練っていたのです
この事件※で
百人もの
モンゴル人
エリートが
逮捕投獄《とうごく》
されました

※ 二〇六事件と呼ばれる

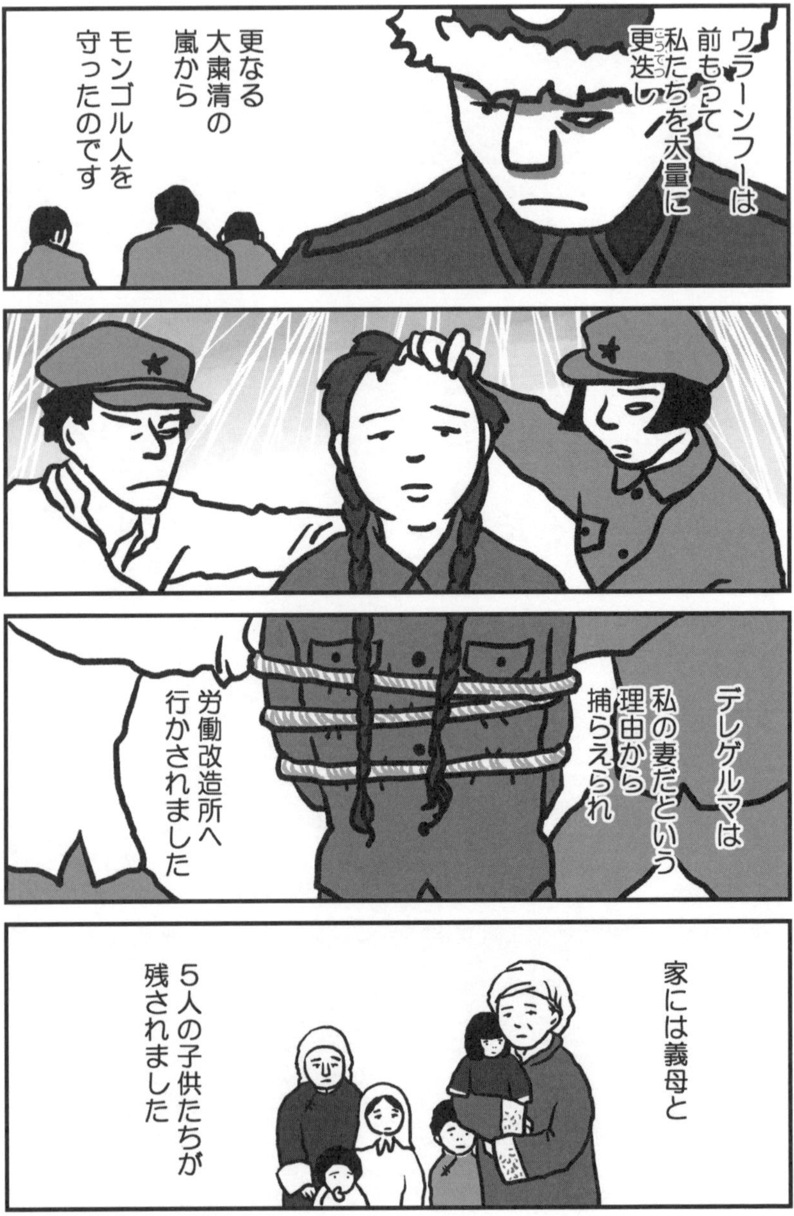
ウラーンフーは前もって私たちを大量に更迭《こうてつ》し
更なる大粛清の嵐からモンゴル人を守ったのです
デレゲルマは私の妻だという理由から捕らえられ
労働改造所へ行かされました
家には義母と
5人の子供たちが残されました

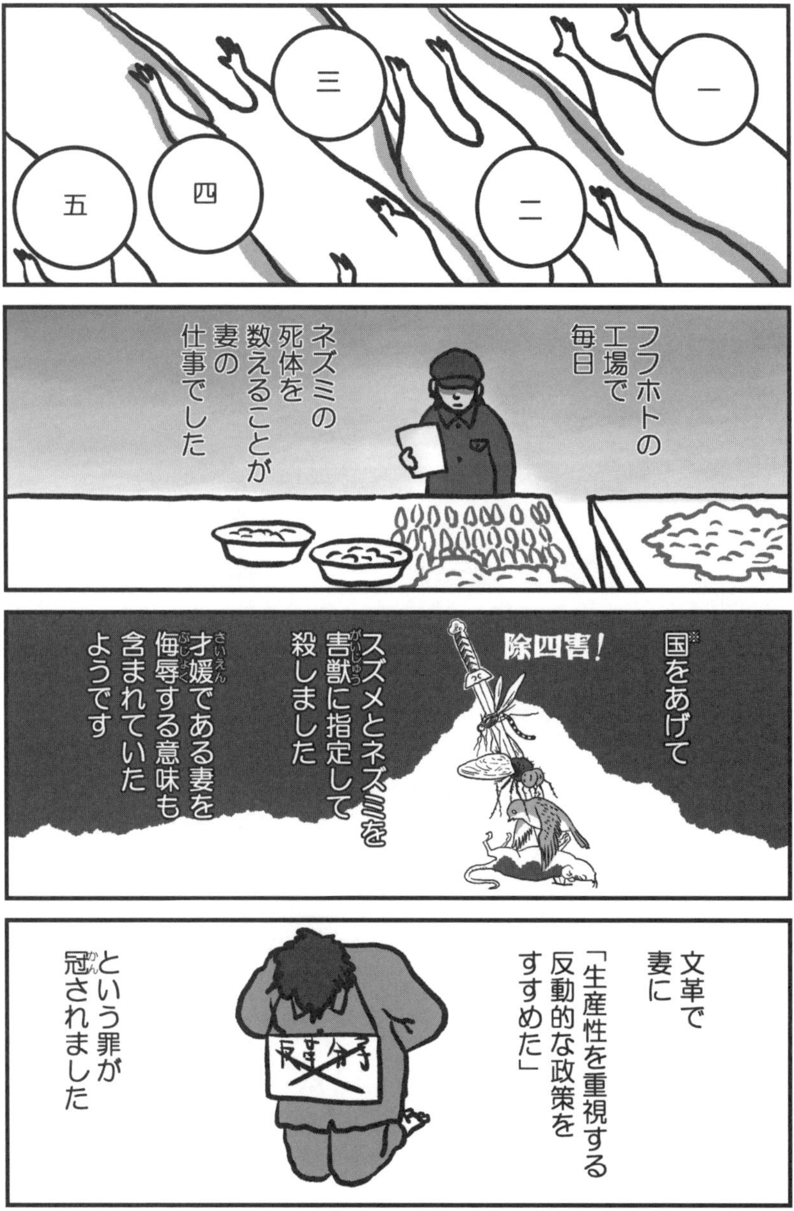
一
二
三
四
五
フフホトの工場で毎日
ネズミの死体を数えることが妻の仕事でした
国※をあげて
除四害！
スズメとネズミを害獣《がいじゅう》に指定して殺しました
才媛《さいえん》である妻を侮辱《ぶじょく》する意味も含まれていたようです
文革で妻に
「生産性を重視する反動的な政策をすすめた」
という罪が冠《かん》されました

※ 四害駆除運動

それは毛沢東が追放したライバルの劉少奇《りゅうしょうき》の政策でした
この反動的なブルジョワジーが!!
日本のスパイめ!
おまえは民族分裂主義者だ!!
妻は吊《つ》るし上げられ一夜にして壁新聞が五百枚貼り出されました
文革の壁新聞は
最初は民族の気持ちを素直に表現するものでしたが
すぐに共産党に牛耳られ政府の主張を代弁する
軽薄で暴力的な言葉の羅列《られつ》になっていきました

一九六八年の大晦日の夜には
群衆が家にまでなだれ込み
室内を荒らし家具を全部破壊しました
子供は恐怖で一睡もできず
妻は逮捕され監禁された牛小屋で二十二か月間過ごしました
昼は過酷な重労働
夜は夜半過ぎまで批判闘争言葉と実際の暴力
睡眠時間は三時間で
寝る時も看板を外すことは許されませんでした

モンゴル人に
どんな暴力を
はたらいても
それは
「革命的な行動」
として
中国共産党が
認めていたのです

ある日
秘密の処刑場に
連れていかれ
雪の中
立たされたり
ストーブで
びしょ濡れに
なるまで
焼かれました
雪中
サッカーだ!!
気絶すると
冷水を鼻から
注がれ
鉄筋の鞭《むち》で
殴られました
妻は言います
残虐な
暴力より
政治攻勢※の
ほうが
つらかったです

※精神的打撃を与える方法のこと。中国共産党特有の政治用語

お前の旦那トブシンに死刑判決が下《くだ》った
義母も重病で
子供らも水死したり逃げた
他に誰が
内モンゴル人民革命党員か白状すれば家に帰れるぞ
言わないならこれは

天罰だ
染料の毒が
どんなものか
わかるな?
飲むか?
お前は自殺
したと言えばいい
おまえが死ねば
子供たちは
路頭に迷う
ことになるぞ

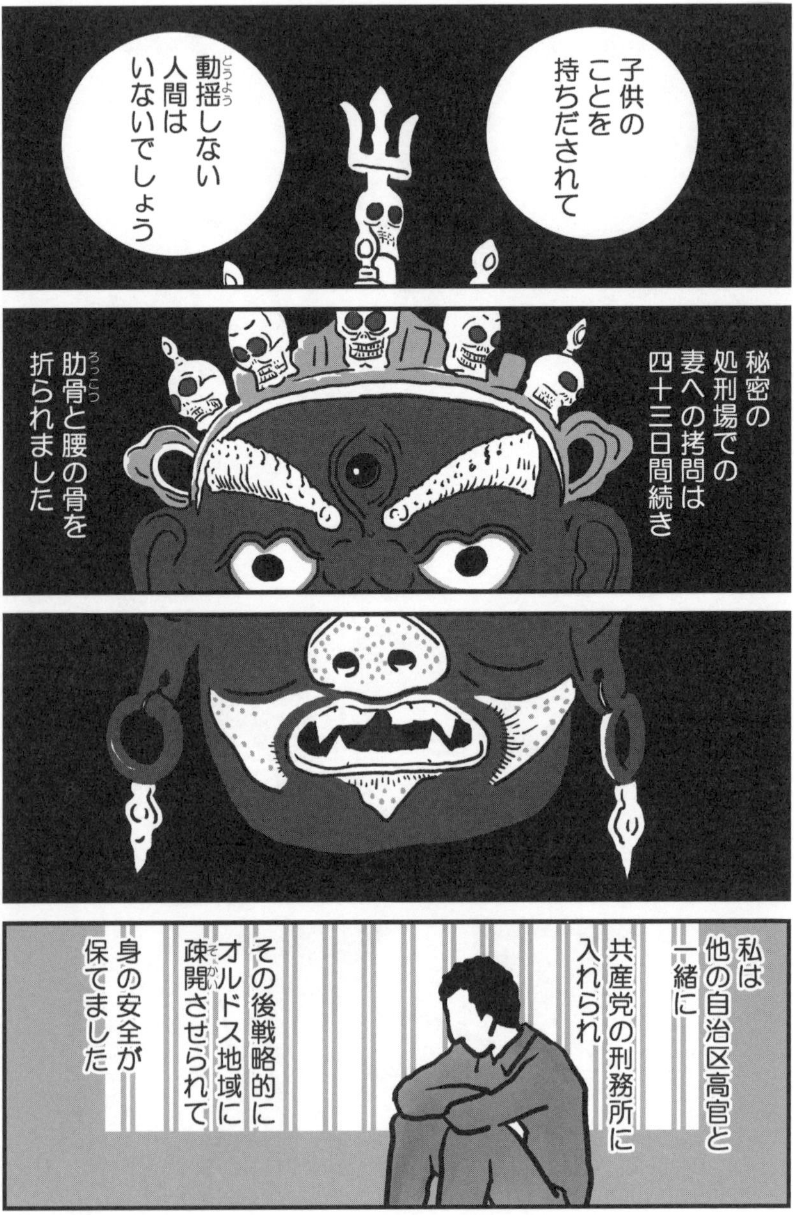
子供のことを持ちだされて
動揺《どうよう》しない人間はいないでしょう
秘密の処刑場での妻への拷問は四十三日間続き
肋骨《ろっこつ》と腰の骨を折られました
私は他の自治区高官と一緒に
共産党の刑務所に入れられ
その後戦略的にオルドス地域に疎開《そかい》させられて
身の安全が保てました

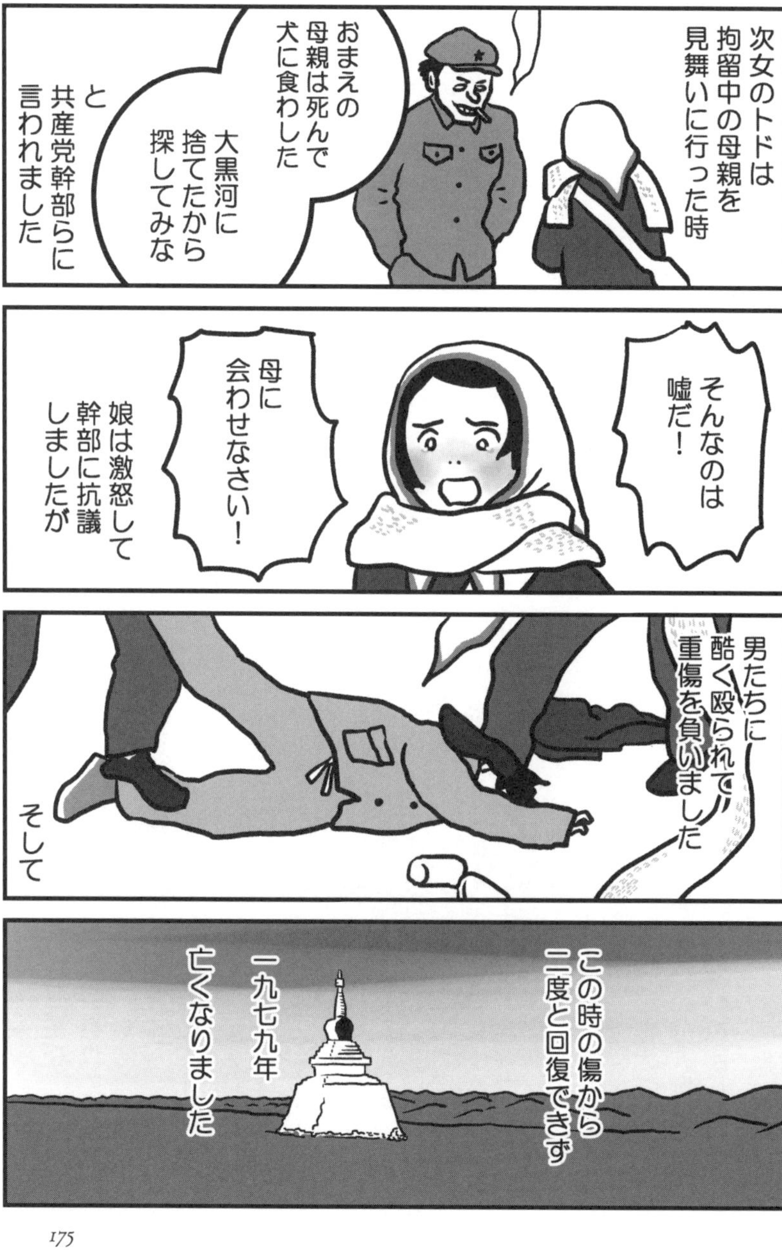
次女のトドは拘留中の母親を見舞いに行った時
おまえの母親は死んで犬に食わした
大黒河に捨てたから探してみな
と共産党幹部らに言われました
そんなのは嘘だ！
母に会わせなさい！
娘は激怒して幹部に抗議しましたが
男たちに酷く殴られて重傷を負いました
そして
この時の傷から二度と回復できず
一九七九年
亡くなりました

いたぞ
捕まえろ！
この反革命分子のガキが！
毛主席に詫《わ》びろ！
おまえたち一家は
中国人民の敵だ！
私と妻が収容されて留守の間にも我が家は何度も
革命思想に洗脳された大衆に襲われました

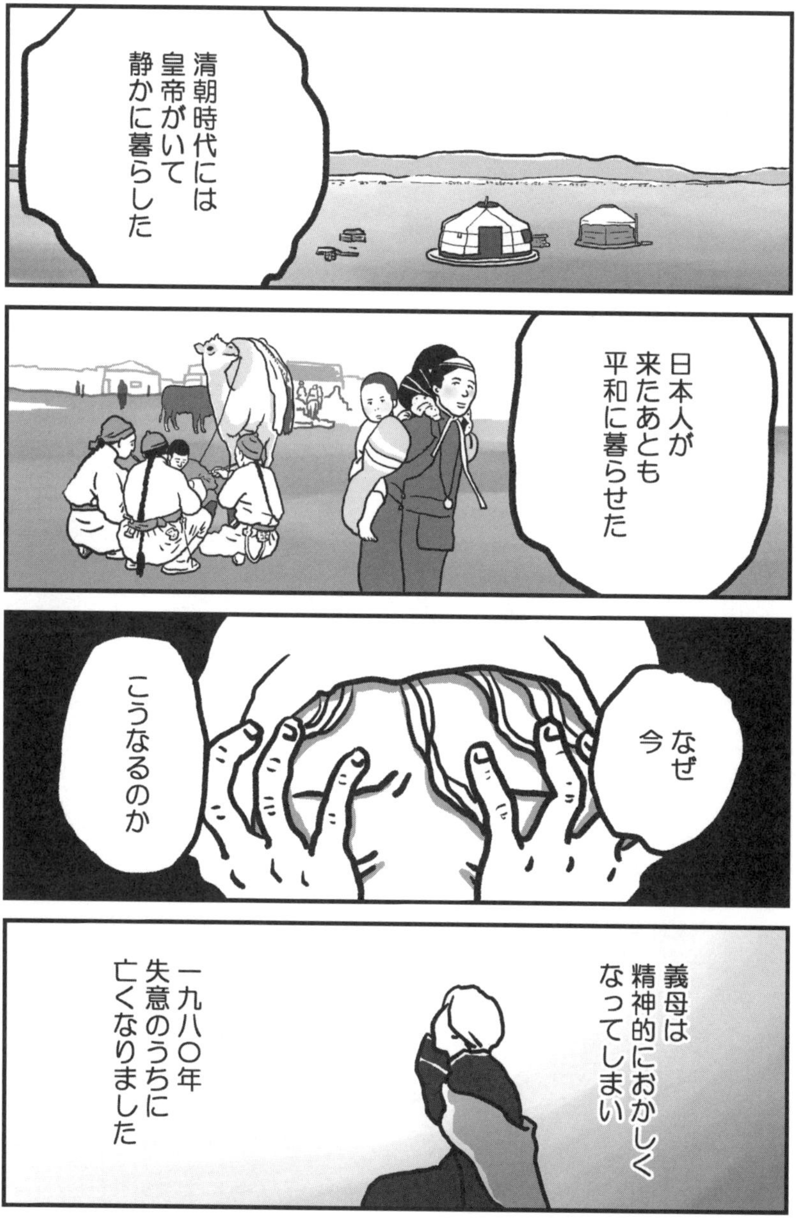

清朝時代には
皇帝がいて
静かに暮らした
日本人が
来たあとも
平和に暮らせた
なぜ
今
こうなるのか
義母は
精神的におかしく
なってしまい
一九八〇年
失意のうちに
亡くなりました

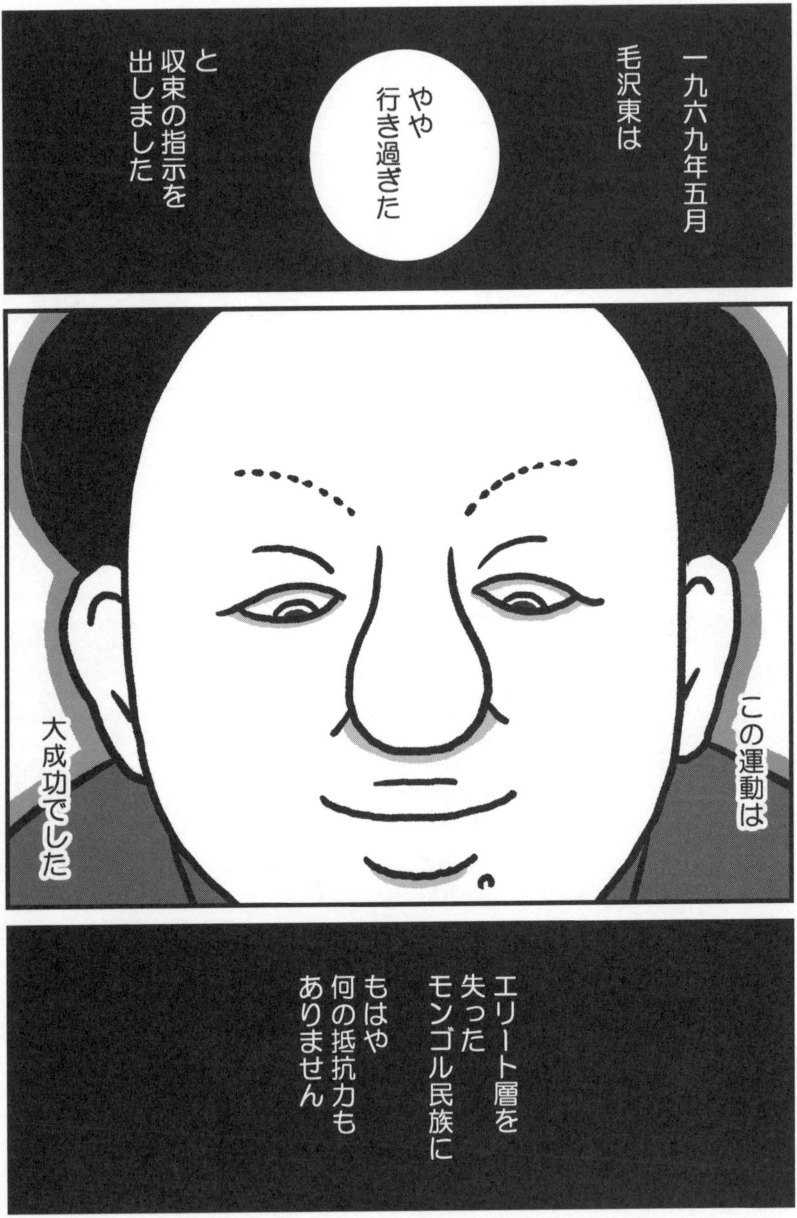
一九六九年五月
毛沢東は
やや
行き過ぎた
と
収束の指示を
出しました
この運動は
大成功でした
エリート層を
失った
モンゴル民族に
もはや
何の抵抗力も
ありません

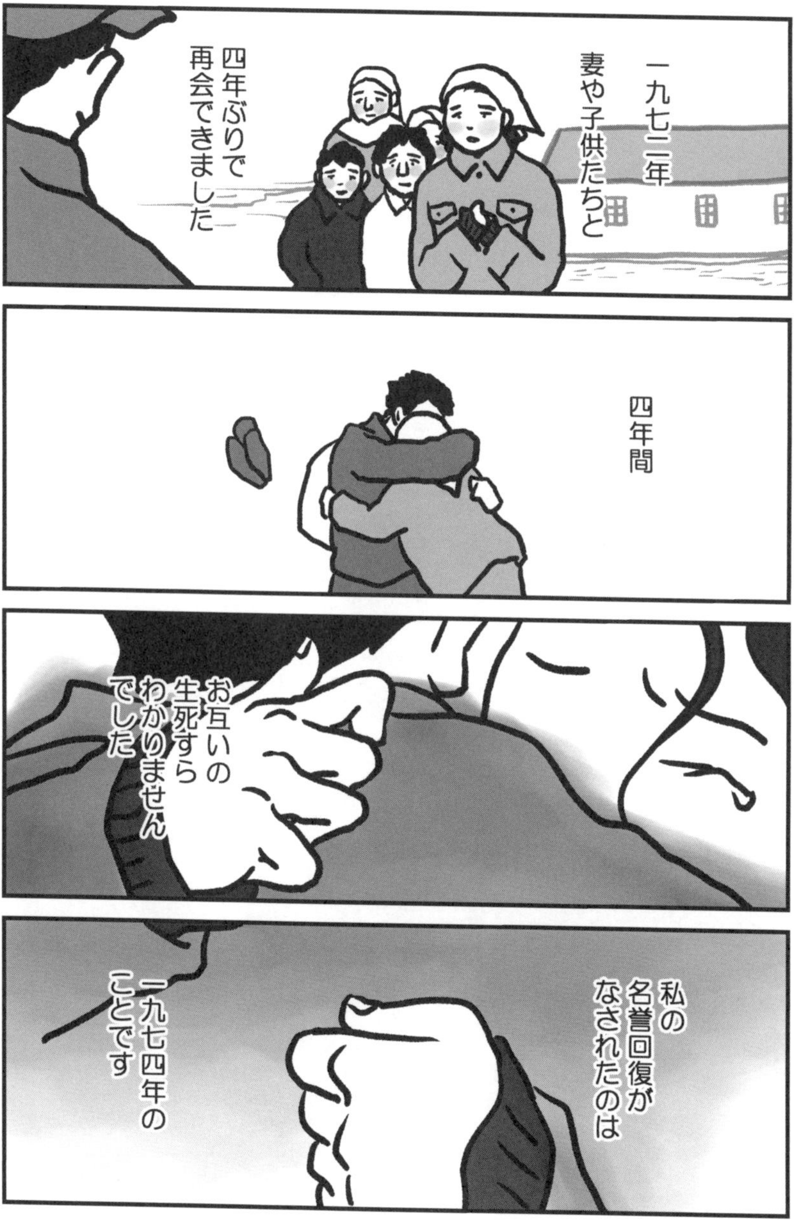
一九七二年
妻や子供たちと
四年ぶりで
再会できました
四年間
お互いの
生死すら
わかりません
でした
私の
名誉回復が
なされたのは
一九七四年の
ことです

モンゴルの知識人は中国共産党からマルクス・レーニン主義を学んだのではありません
私の場合は日本留学中に独学したものです
1946.12.2
中国の文化大革命によって
モンゴル人は壊滅的な打撃を受けました

いまだに
回復できて
いません

この物語は
内モンゴル自治区
フフホト市の
モンゴル人男性
トブシンの
証言に基《もと》づく
2008年1月

第4話

一つの国になれると信じて

―トグスの物語―

私は
中国において
民族分裂主義の
罪人《ざいにん》でした
打倒特古斯
反革命分子
特古斯
モンゴル人
である私の
「罪悪に満ちた
歴史」を
包《つつ》み隠《かく》さず
お話しします

私は
トグス
モンゴル人です

一九二四年生まれ
ジェリム盟※
ホルチン左翼
中旗《ホショー》の出身です

※モンゴルの行政区画の名称

親戚《しんせき》でもある
内人党《うちじんとう》中心的
リーダー
ハーフンガの
推薦《すいせん》もあり

一九四三年
満洲《まんしゅう》建国《けんこく》大学に
合格し
学ぶことに
なりました

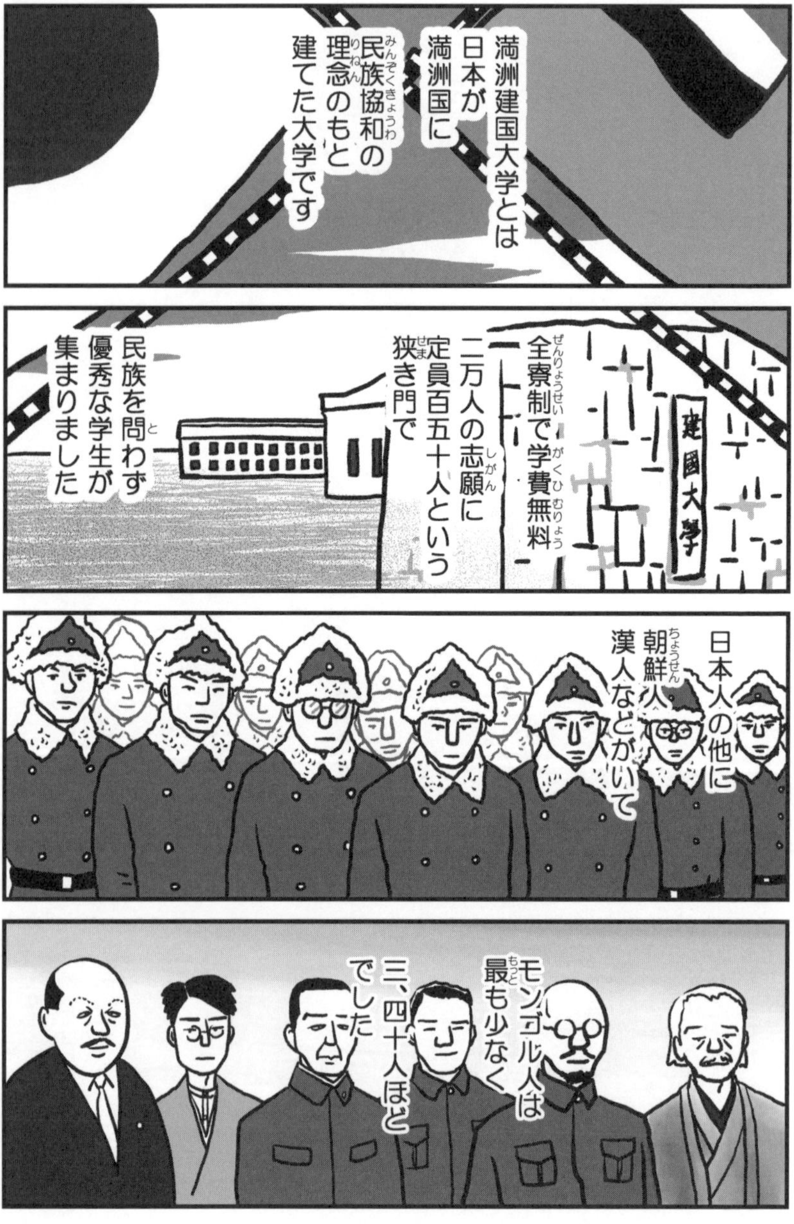
満洲建国大学とは
日本が
満洲国に
民族協和《みんぞくきょうわ》の
理念《りねん》のもと
建てた大学です
建國大學
全寮制《ぜんりょうせい》で学費無料《がくひむりょう》
二万人の志願《しがん》に
定員百五十人という
狭《せま》き門で
民族を問《と》わず
優秀な学生が
集まりました
日本人の他に
朝鮮《ちょうせん》人
漢人などがいて
モンゴル人は
最《もっと》も少なく
三、四十人ほど
でした

宮沢賢治　花巻農学校精神歌

ドン
ドン
最近日本は中国での経営に熱心らしい
日本が満蒙《まんもう》の独自国家建設をする約束はどうなったのか
すっかり忘れられたかのようだ…
私は同じ不満を抱いて興蒙党《こうもうとう》を組織《そしき》した興安学院《こうあんがくいん》の学生と交流《こうりゅう》していました
毎朝の朝礼《ちょうれい》で

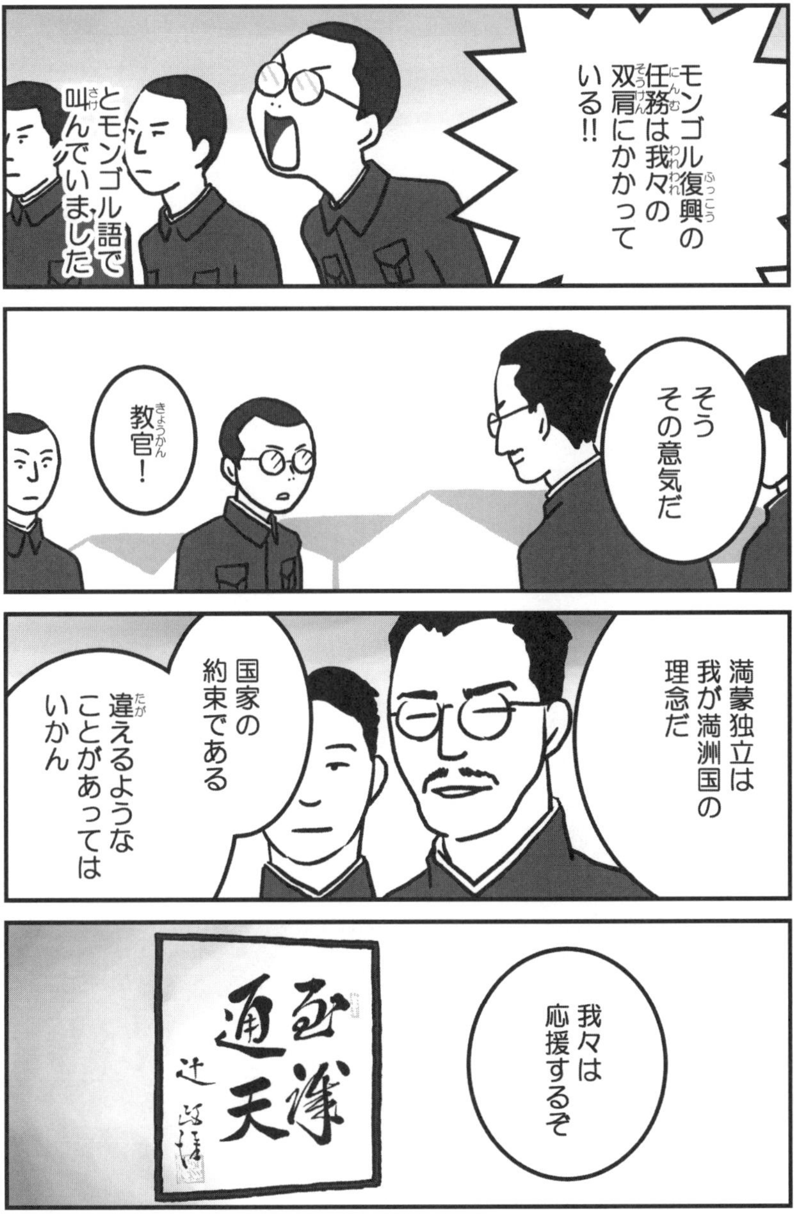
モンゴル復興《ふっこう》の任務《にんむ》は我々《われわれ》の双肩《そうけん》にかかっている!!
とモンゴル語で叫《さけ》んでいました
そう その意気だ
教官《きょうかん》!
満蒙独立は我が満洲国の理念だ
国家の約束である
違《たが》えるようなことがあってはいかん
我々は応援するぞ

満洲国も
今の中国と
同じように
あまり言論《げんろん》の
自由がなく
共産主義思想の
本は禁書《きんしょ》でした
国内各地から
没収《ぼっしゅう》された
共産主義思想の本が
大学の書庫《しょこ》に
眠っていて
友人も私も
読み漁《あさ》りました
前後期《ぜんこうき》あわせて
六年間学ぶ予定
でしたが
前期三年を
過ぎようと
したところで
日本が敗戦を迎え
満洲建国大学の
歴史も終了しました

日本が去《さ》った後
こんばんは
こんばんは
おや トグス いったい なにごとかね
お願いが あって きました
その…
ひとりでも多くの ※署名《しょめい》を集めて 外モンゴルへ 持っていきます
内モンゴルの モンゴル人が こんなに統一《とういつ》を 切望《せつぼう》しているという 意思《いし》を示《しめ》すために

※モンゴル人民共和国 現モンゴル国

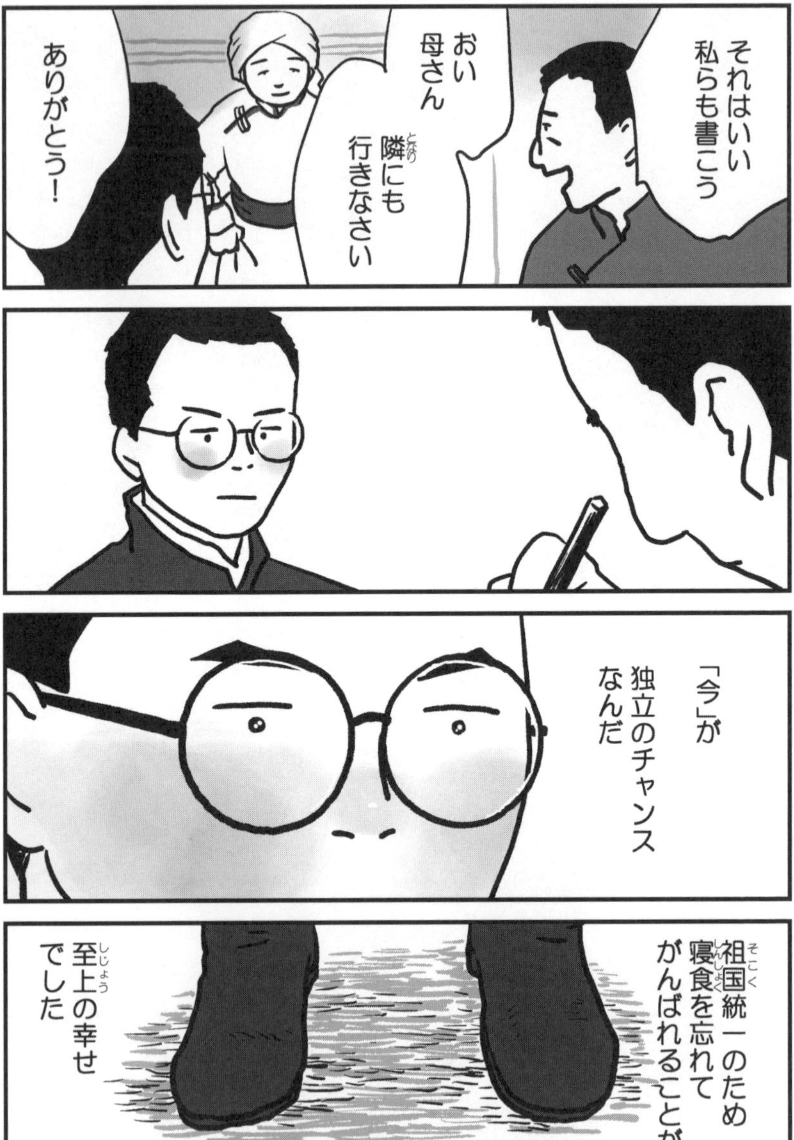

それはいい
私らも書こう
おい
母さん
隣《となり》にも
行きなさい
ありがとう!
「今」が
独立のチャンス
なんだ
祖国《そこく》統一のため
寝食《しんしょく》を忘れて
がんばれることが
至上《しじょう》の幸せ
でした

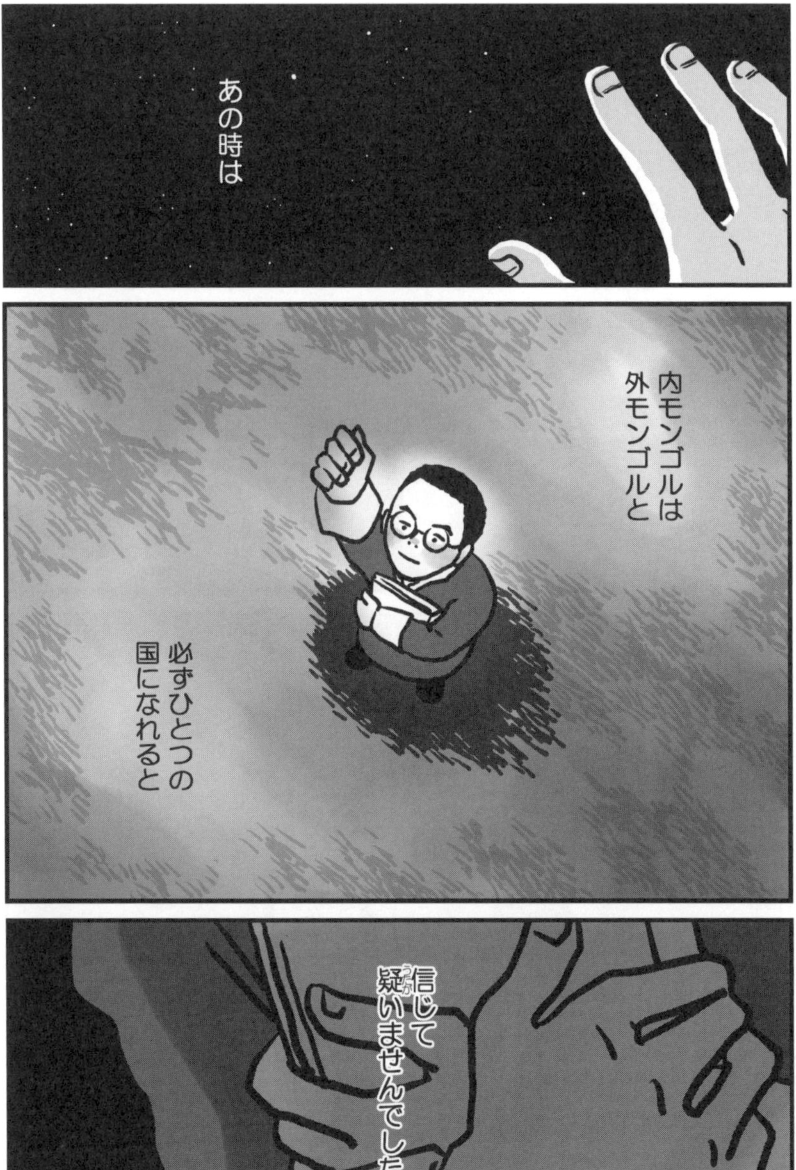
あの時は
内モンゴルは
外モンゴルと
必ずひとつの
国になれると
信じて
疑《うたが》いませんでした

結果
ヤルタ会談の密約によって
外モンゴルに統一を断られ
独立の道は閉ざされました

嫌だ‼
嫌だ嫌だ嫌だ！！
なあビリクバト
そうともトグス
俺たちはなんとしてでも外モンゴルに入るんだ！

絶対に中華民国の一員にはなりたくない!!

級友のビリクバトとフルンボイル高原ハイラルに入り駐屯《ちゅうとん》していた外モンゴルの軍人たちと接し国境を越えるチャンスを模索《もさく》しました
彼らは夏にソ連軍とともに進駐《しんちゅう》してきた時
我々は必ず統一しよう
内外モンゴル同胞《どうほう》がひとつになってこそのモンゴルだ
と口々に言っていましたが
今や
彼らの態度は消極的でした

ハーフンガが迎えにきました
彼は全内モンゴルで足並みを揃《そろ》えようと私たちを説得しにきたのです
内モンゴル自治軍を作ろう
東モンゴル人民自治政府の軍隊を作って
堂々と渡りあえる力をつけて
独立の機運《きうん》を待つんだ

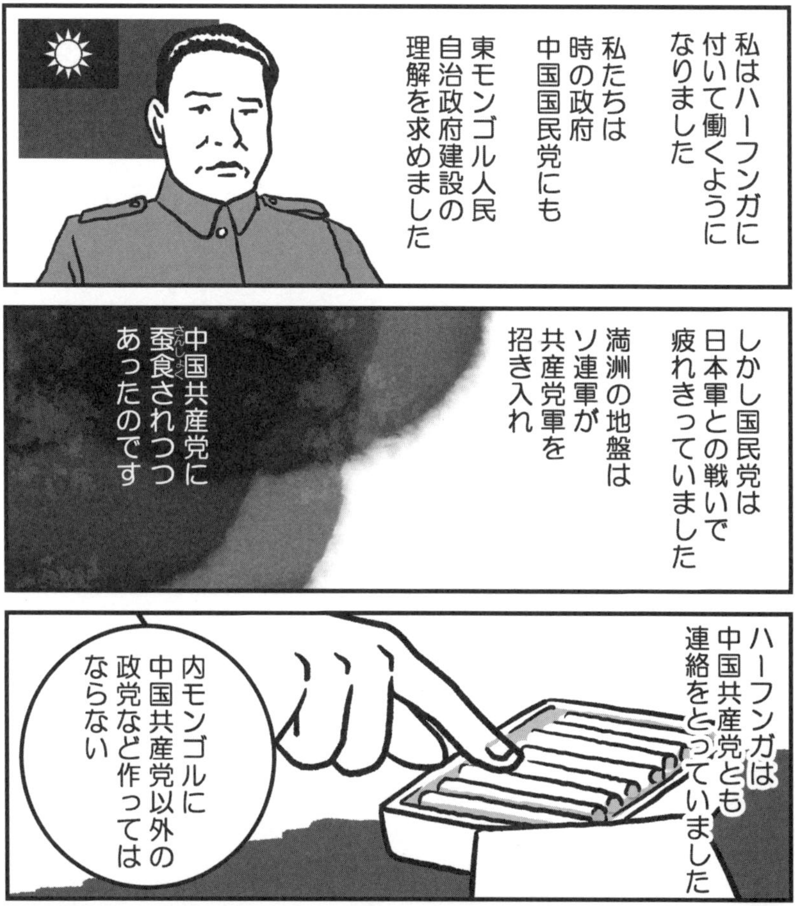
私はハーフンガに付いて働くようになりました
私たちは時の政府中国国民党にも東モンゴル人民自治政府建設の理解を求めました
しかし国民党は日本軍との戦いで疲れきっていました
満洲の地盤はソ連軍が共産党軍を招き入れ
中国共産党に蚕食《さんしょく》されつつあったのです
ハーフンガは中国共産党とも連絡をとっていました
内モンゴルに中国共産党以外の政党など作ってはならない
え?
なぜか教えてやろうか

モンゴル民族を
〝解放〟できるのは
この
中国共産党しか
ないからだ
劉春《りゅうしゅん》

内モンゴルは遊牧地です
草原に階層などありません
フン
天真爛漫《てんしんらんまん》で知識人らしい幼稚《ようち》な理屈《りくつ》だ
現実は
あれだけの漢人農民が搾取《さくしゅ》されているではないか
漢人が大量にモンゴルに入殖《にゅうしょく》してきて
勝手に開墾《かいこん》を始めたり強盗を働くから雇《やと》われた者もいるのは確かだが・・・

※ 労働者階級 無産階級　対義語はブルジョワジー（有産階級 資本家階級）

彼らこそ中国革命をリードする※プロレタリアート《労働者階級》なのだ!!
……
これ以上漢人に草原を荒らされたくない
移民を防ぐには独立するしかないのに…

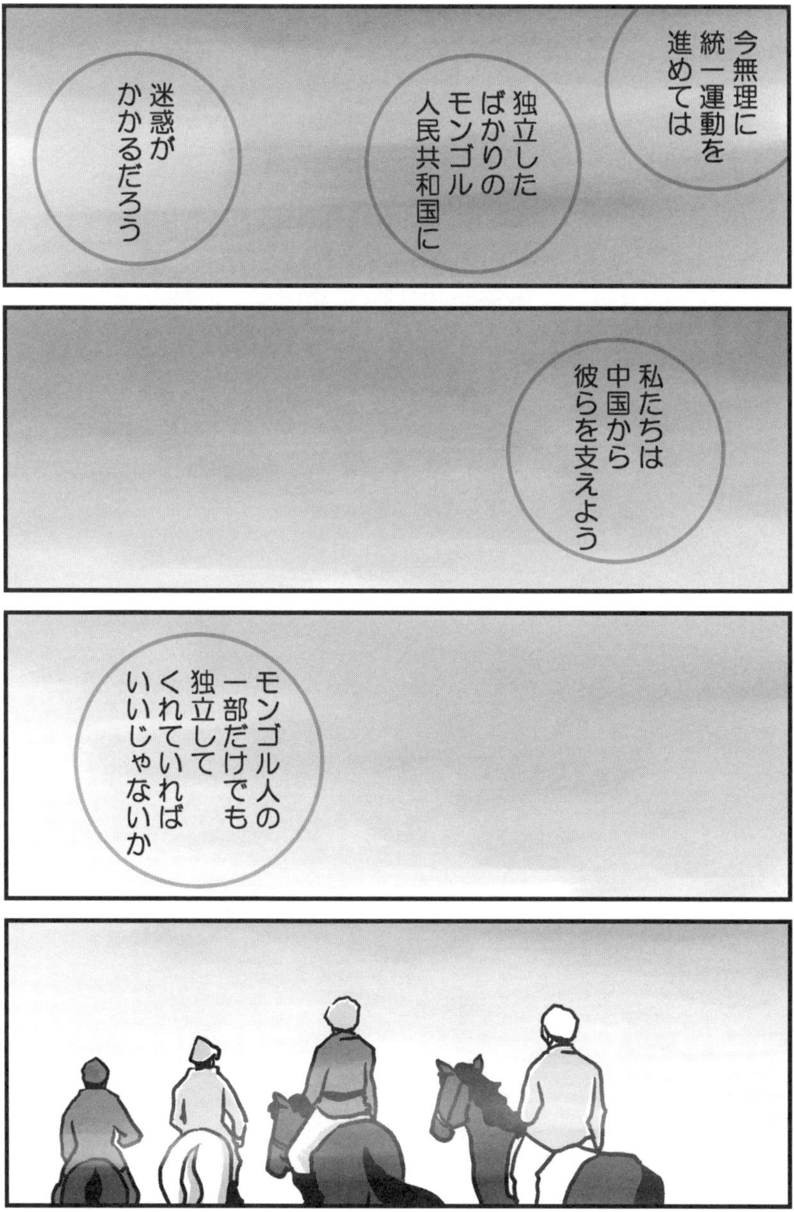
今無理に統一運動を進めては
独立したばかりのモンゴル人民共和国に
迷惑がかかるだろう
私たちは中国から彼らを支えよう
モンゴル人の一部だけでも独立してくれていればいいじゃないか

それでいいじゃないか…
私たちには中国を宗主国《そうしゅこく》と認める以外道はありませんでした

一九四六年十一月から「内モンゴル自治政府」を成立させるための会議が始まりました
内人党を組織して内モンゴルをリードする
中国共産党の指導は受けてもよい
モンゴル人独自の政党を創らなければならない
中国共産党と外モンゴルに指示を仰ごう
※雲澤《ユンゼ》も主席には相応《ふさわ》しくないから連絡係になってほしい
主席の適任者は
ハーフンガ以外にない！

※ 後のウラーンフー

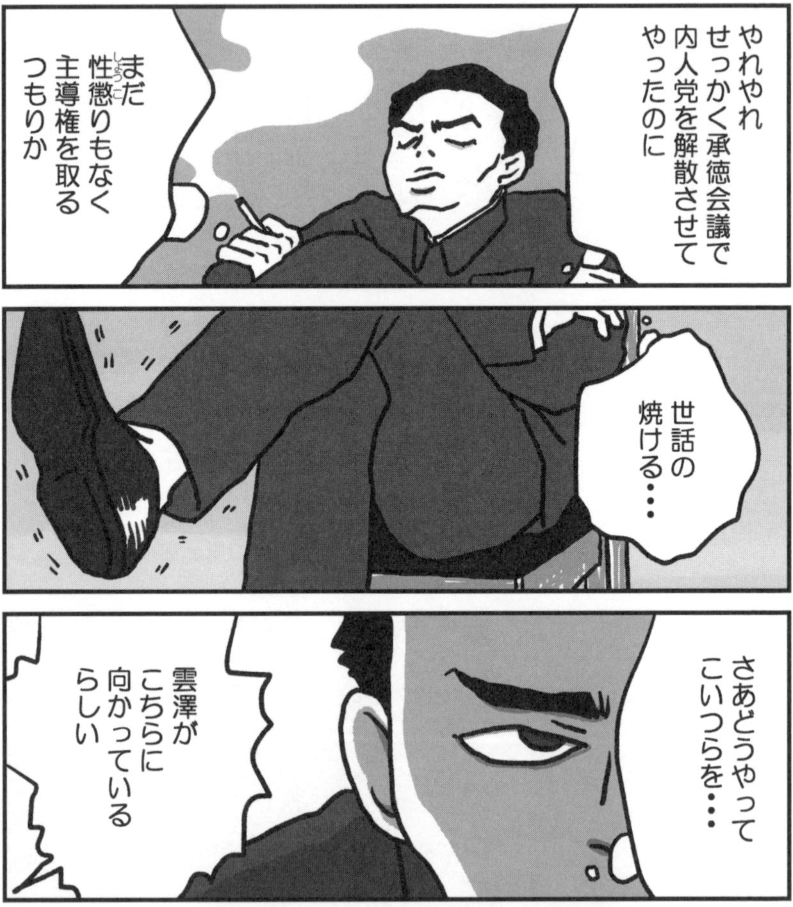
やれやれ
せっかく承徳会議で
内人党を解散させて
やったのに
まだ
性懲《しょうこ》りもなく
主導権を取る
つもりか
世話の
焼ける・・・
さあどうやって
こいつらを・・・
雲澤が
こちらに
向かっている
らしい
おお
それは盛大に
出迎えなくては
騎馬連隊
総出で出向こう!

…純朴《じゅんぼく》

承徳《しょうとく》会議の後
一九四七年一月
王爺廟《おうやびょう》で
ボインマンダホとハーフンガが
東部地域を回っていた
劉春《りゅうしゅん》を迎えて
宴会《えんかい》を設《もう》けました
どうした
メデレト
師団《しだん》長
ゴッ

なぜ俺たちモンゴル人が
中国の内戦に参加して血を流さなければならない？

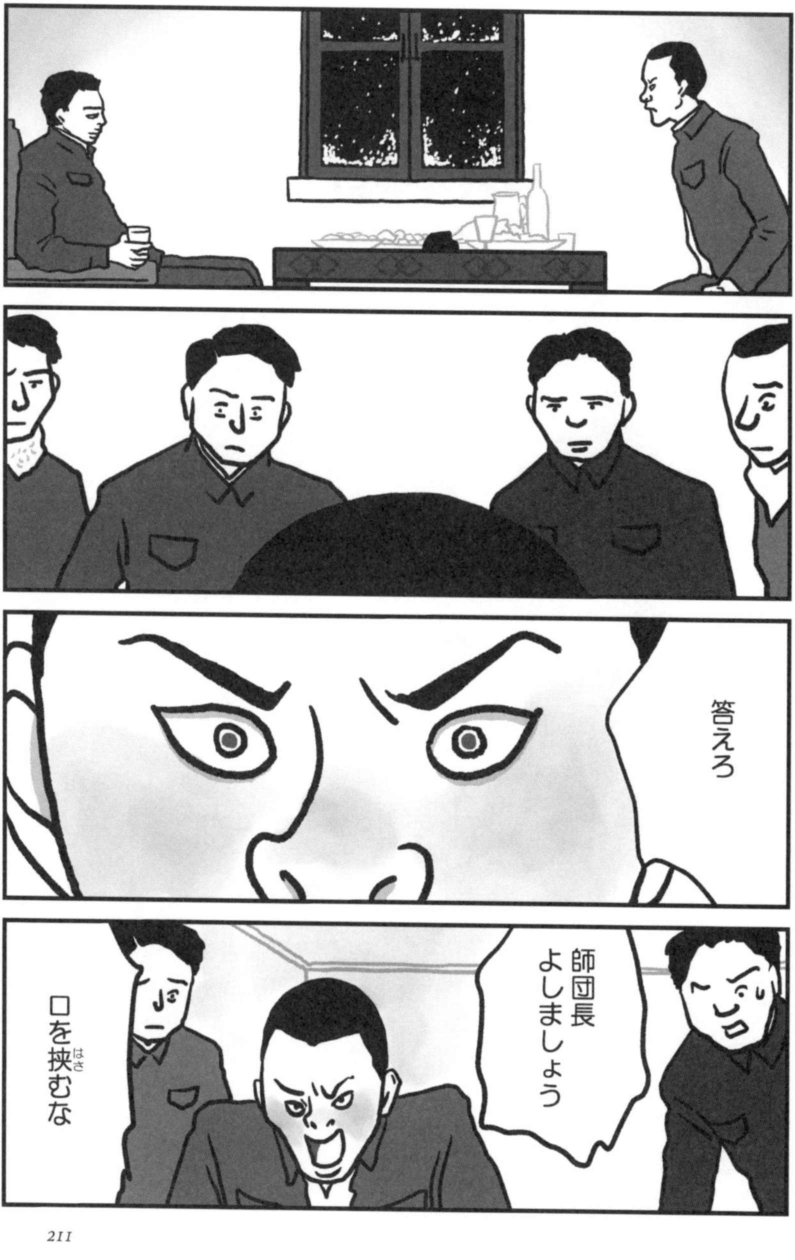
答えろ
師団長
よしましょう
口を挟《はさ》むな

マニバダラーまで逮捕《たいほ》されたんだぞ!
黙《だま》っていられるか
おまえたちそれでいいのか?!
……

王海山
ドグルジャブ
ワンダン
どうして
何も
言わない？
おまえたち
…

それでいいのか!?
メテレトの部下たちはすでに
工作により中国共産党の秘密党員になっていたので
党の命令しか聞かなくなっていました

内モンゴル人民代表大会
1947.4.23
先に表明した通り
内モンゴル人民革命党の再建は
絶対に許されない
……
代表に相応《ふさわ》しい人物を我々でリストアップしておいた
そこには雲澤や秘密党員の名前があり彼らは工作を済ませていました
ちょっと待ってください

これは内モンゴルの組織ですから
三つ条件があります
まず共産党の本拠地《ほんきょち》延安《えんあん》から来たモンゴル人は選ばない
日本統治後革命に参加した者は選ばない
漢人を選ばない
ポロッ

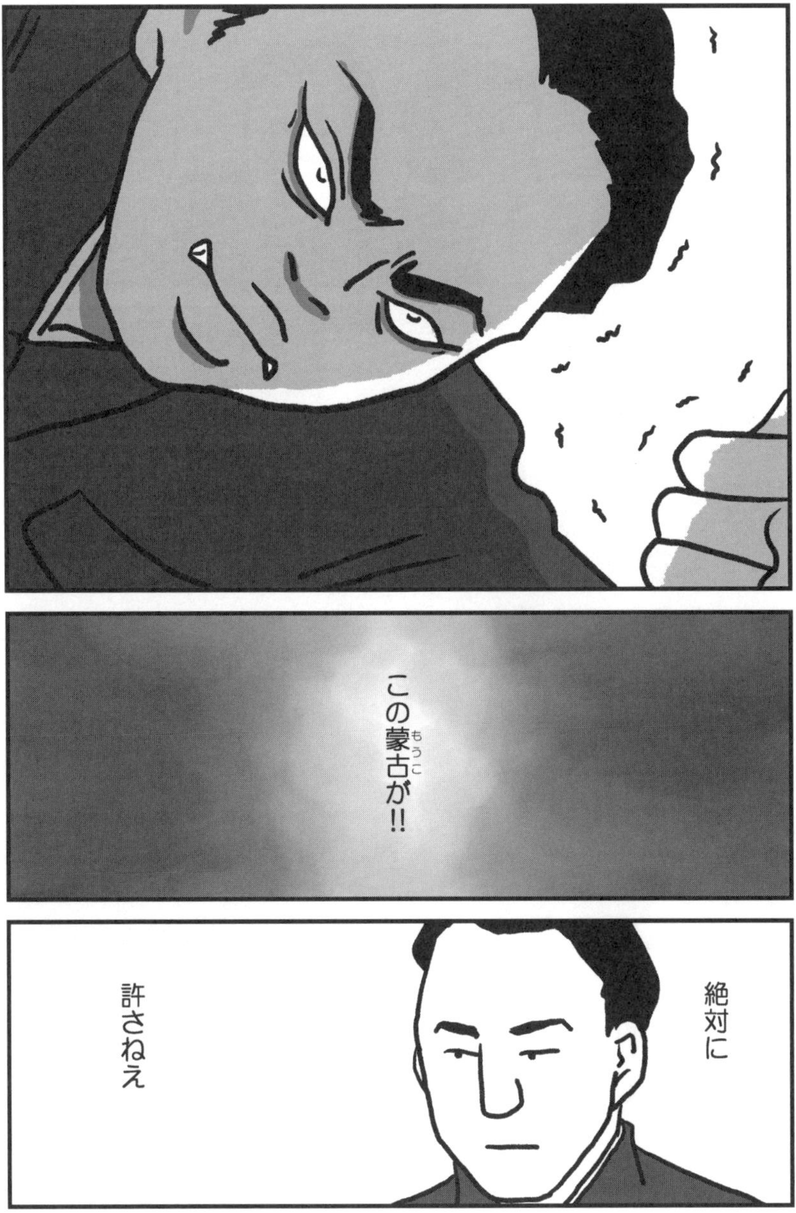
この蒙古《もうこ》が!!
絶対に
許さねえ

外モンゴルがあいつらに同情してるようだな
はい
既《すで》に手は打ってあります
雲澤はチョイバルサン元帥《げんすい》に打電《たでん》し
外モンゴルの関係者を会議から撤退《てったい》させました
そして中国共産党の用意した
「民主的な手続き」
によって
雲澤が代表に選ばれたのです
私は・・・

大会が始まる
少し前の
三月のある日に
ハーフンガから
呼ばれ
内人党の
活動を再開
させたい
中国共産党も
同意して
くれたんだ
と言われました
だからぜひ
君にも
力を貸して
ほしい
党が同意したの
ですか！
それはすごい
私の部下《ぶか》にも
呼びかけます
私は二十五人いる
主席団《しゅせきだん》のひとりでした
ハーフンガは
内人党復活《うちじんとうふっかつ》を
宣言《せんげん》し
幹部《かんぶ》を集めて
演説《えんぜつ》しましたが
内容は
すぐさま
共産党の秘密党員が
密告《みっこく》しました

今度は共産党の雲澤と漢人の幹部に呼ばれました
内人党の活動再開はよくない
活動再開に反対してほしい
え？
中国共産党も同意していると
ハーフンガが言っていましたが？

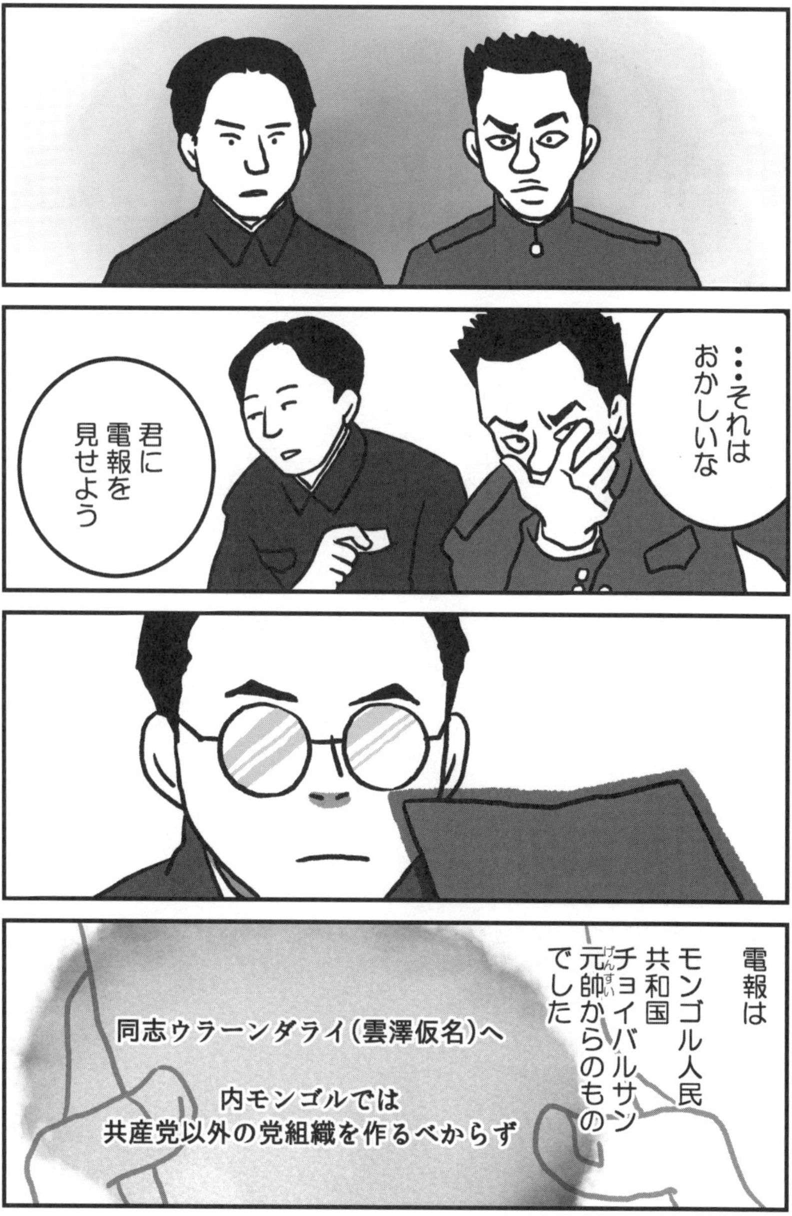
…それは
おかしいな
君に
電報を
見せよう
電報は
モンゴル人民
共和国
チョイバルサン
元帥《げんすい》からのもの
でした
同志ウラーンダライ（雲澤仮名）へ
内モンゴルでは
共産党以外の党組織を作るべからず

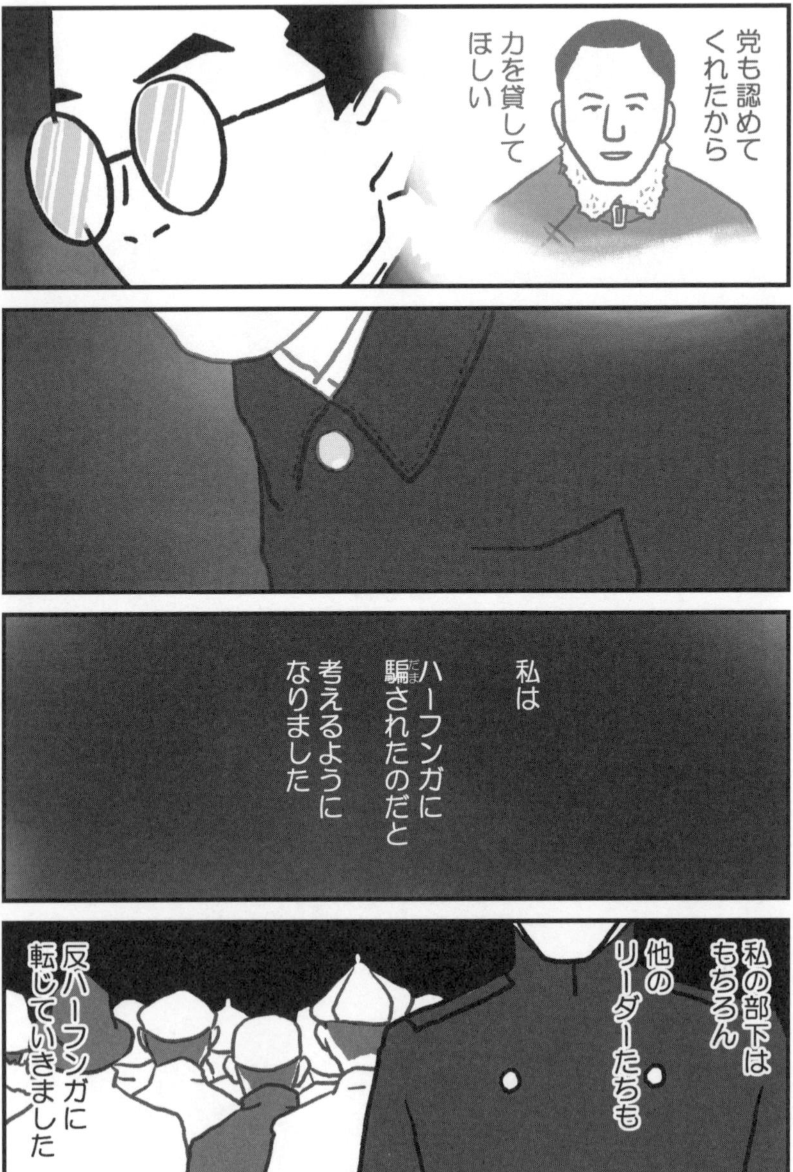
党も認めてくれたから力を貸してほしい
私はハーフンガに騙《だま》されたのだと考えるようになりました
私の部下はもちろん他のリーダーたちも反ハーフンガに転じていきました

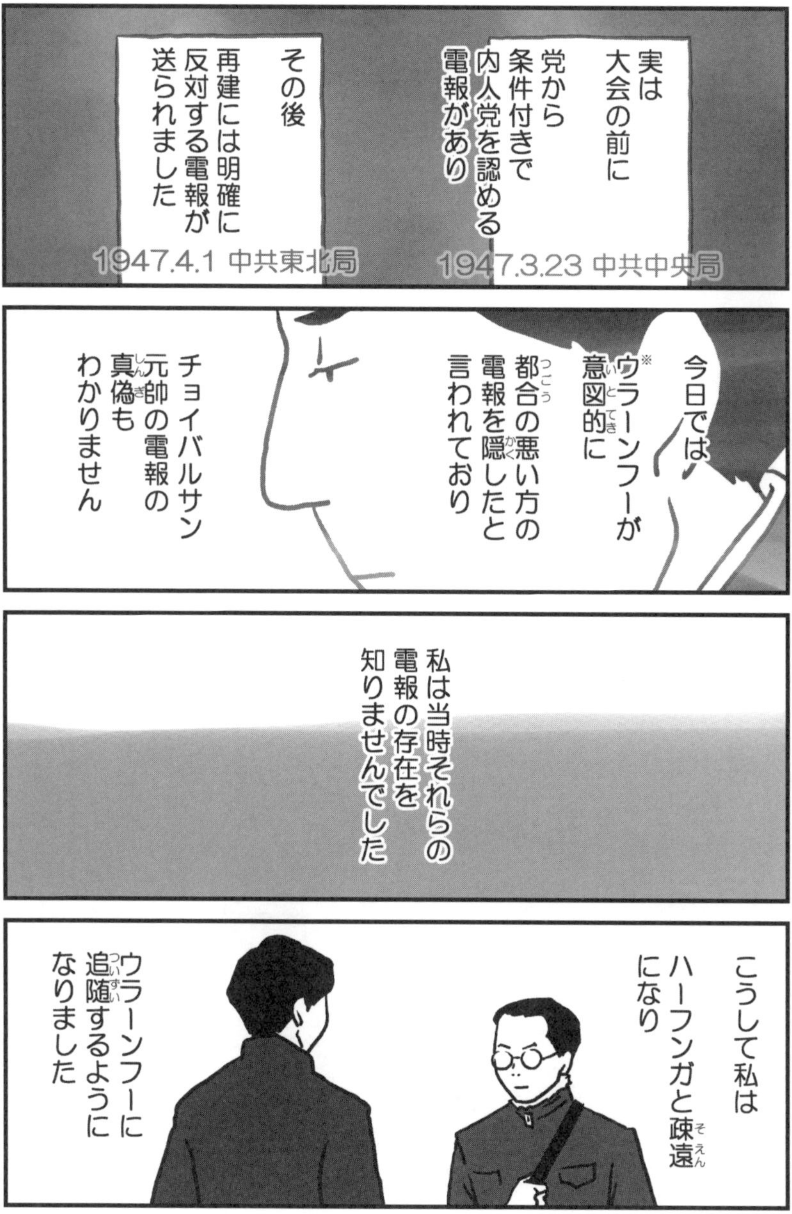

実は大会の前に党から条件付きで内人党を認める電報があり
1947.3.23 中共中央局
その後再建には明確に反対する電報が送られました
1947.4.1 中共東北局
今日では※ウラーンフーが意図的《いとてき》に都合《つごう》の悪い方の電報を隠《かく》したと言われており
チョイバルサン元帥の電報の真偽《しんぎ》もわかりません
私は当時それらの電報の存在を知りませんでした
こうして私はハーフンガと疎遠《そえん》になり
ウラーンフーに追随《ついずい》するようになりました

※改名後の雲澤

ああ
いい気分だ
もっと
割れろ
モンゴル人同士
潰《つぶ》し合え

捕《つか》まえろー

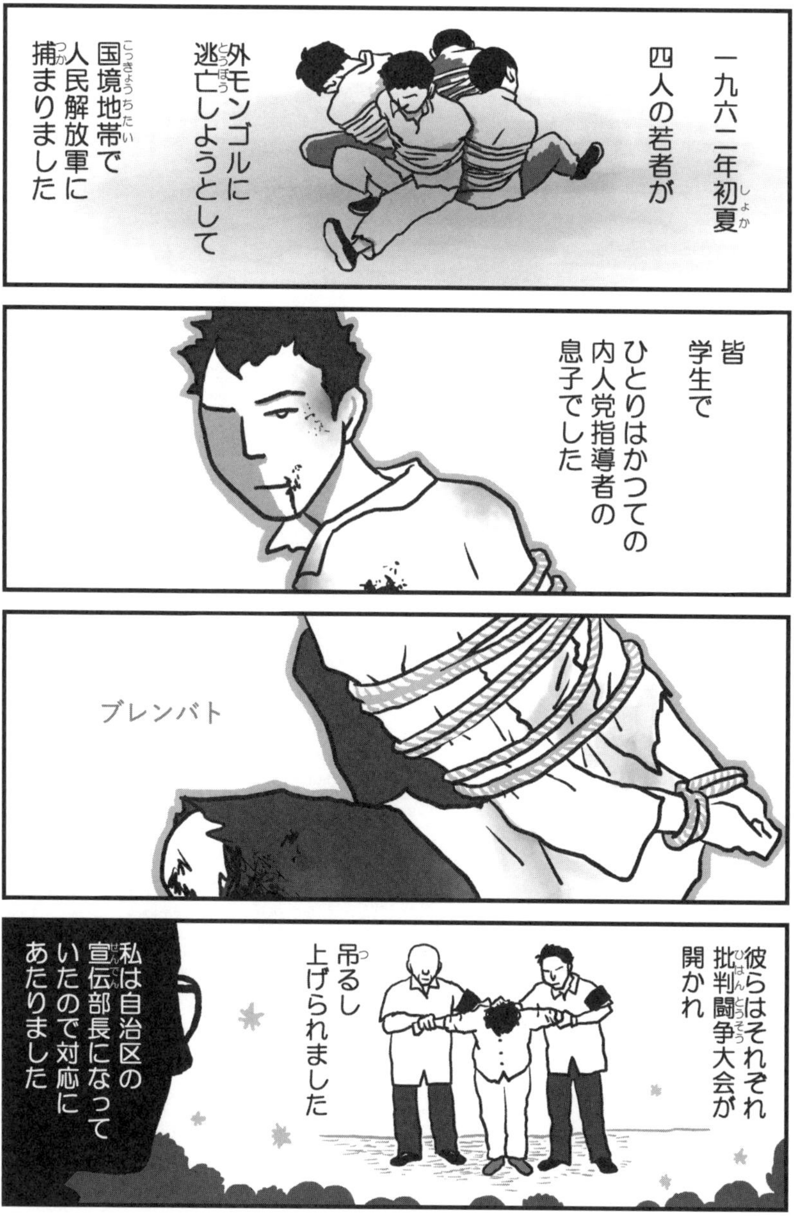
一九六二年初夏《しょか》
四人の若者が
外モンゴルに
逃亡《とうぼう》しようとして
国境地帯《こっきょうちたい》で
人民解放軍に
捕《つか》まりました
皆
学生で
ひとりはかつての
内人党指導者の
息子でした
ブレンバト
彼らはそれぞれ
批判闘争《ひはんとうそう》大会が
開かれ
吊《つ》るし
上げられました
私は自治区の
宣伝《せんでん》部長になって
いたので対応に
あたりました

祖国《中国》を裏切る行為だ！
断じて許されない！
校長 窓の外を見て下さい
彼らを支援するデモです
トグス副部長
中国では一度間違いを犯《おか》すと永遠に浮かびあがれません
彼らの将来の発展を害しないよう計《はか》らってくれませんか
私には彼らの気持ちが痛いほどわかるんです

私は
彼らの
未来を守りたかった
のです
彼らはその後
進学しましたが
一九六八年一月
ブレンバトは
父親が内人党の
ボスだったこと
逃亡を企《くわだ》てた
ことから
大学から極秘《ごくひ》に
連行され
政府交通庁の
ビルの一室に
監禁《かんきん》されました
二か月間に
わたって
尋問《じんもん》とリンチを
受け
四月のある日
睾丸《こうがん》を破壊
されて
亡くなりました

母親の
ソブトゲレルが
交通庁に呼ばれ
息子の
腹部が大きく
はれ上がった
遺体《いたい》を見て
その場で
狂《くる》って
しまいました
翌年
父親の
テムルバガナも
壮絶《そうぜつ》なリンチの末
亡くなりました
かつて
仲間の
マニバダラーを逮捕
してまで
漢人共産党員に
尽《つ》くしたモンゴル人の
最期《さいご》です

ウラーンフーは
以前から
遊牧地域の
モンゴル人社会では
「階級を分けない」
政策《せいさく》を進めていて
モンゴル人たちから
幅広く支持されました

私（トグス）は
「階級を分けない」政策には
賛成ではあるが
モンゴル社会にも
「階級は存在するのではないか」
という立場でした

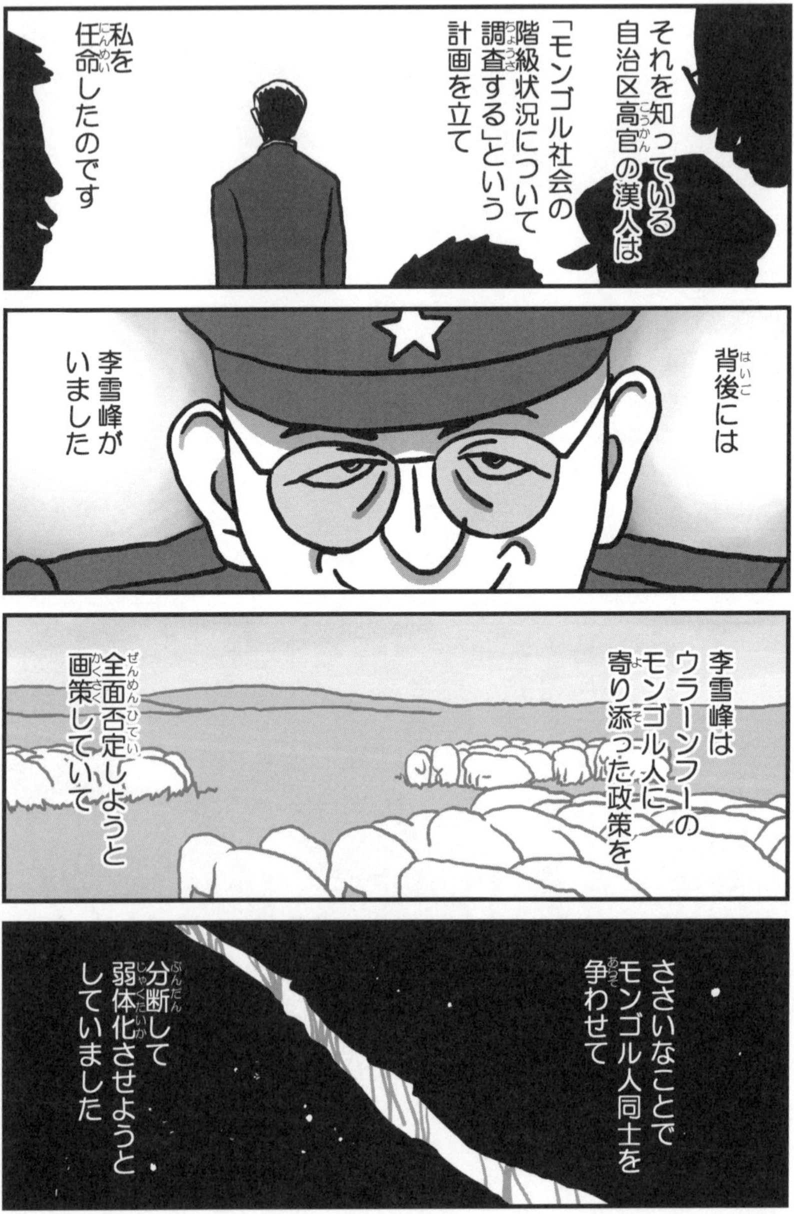
それを知っている自治区高官《こうかん》の漢人は
「モンゴル社会の階級状況について調査《ちょうさ》する」という計画を立て
私を任命《にんめい》したのです
背後《はいご》には
李雪峰がいました
李雪峰はウラーンフーのモンゴル人に寄《よ》り添《そ》った政策を
全面否定《ぜんめんひてい》しようと画策《かくさく》していて
ささいなことでモンゴル人同士を争《あらそ》わせて
分断《ぶんだん》して弱体化《じゃくたいか》させようとしていました

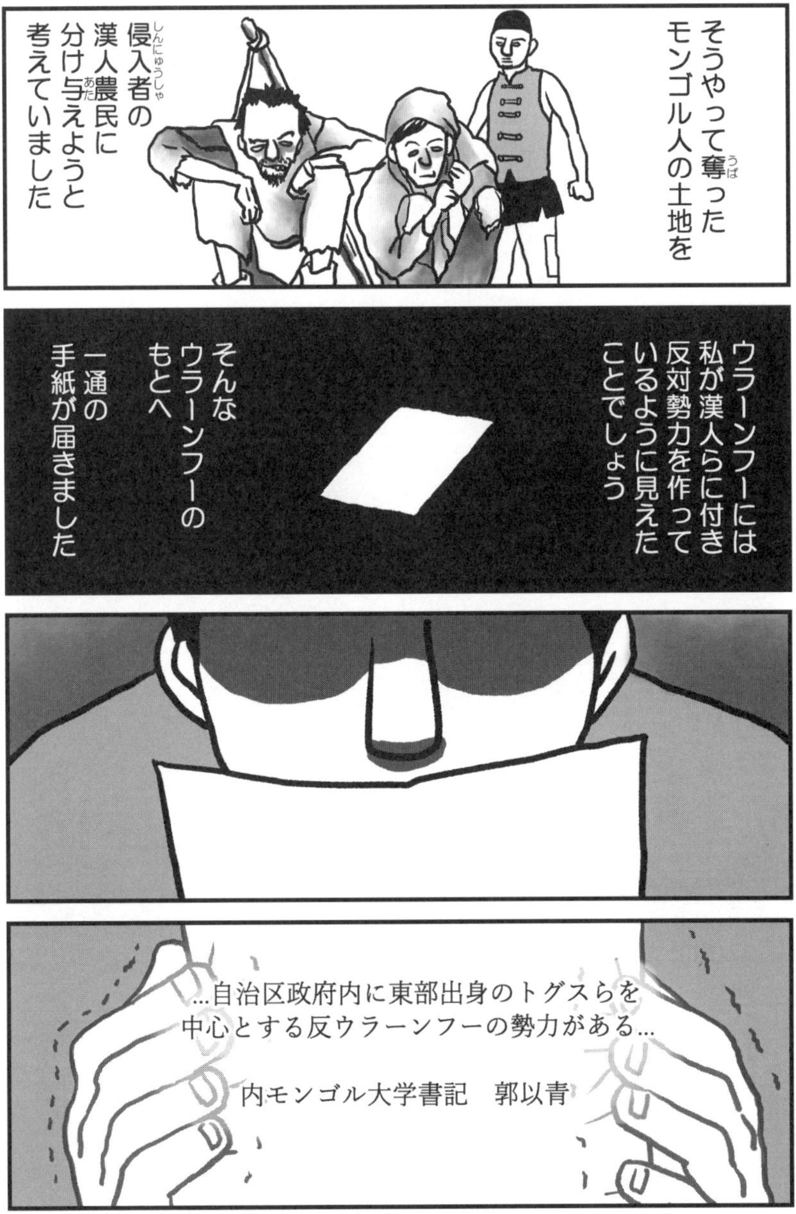
そうやって奪《うば》った
モンゴル人の土地を
侵入者《しんにゅうしゃ》の
漢人農民に
分け与《あた》えようと
考えていました
ウラーンフーには
私が漢人らに付き
反対勢力を作って
いるように見えた
ことでしょう
そんな
ウラーンフーの
もとへ
一通の
手紙が届きました
…自治区政府内に東部出身のトグスらを
中心とする反ウラーンフーの勢力がある…
内モンゴル大学書記　郭以青

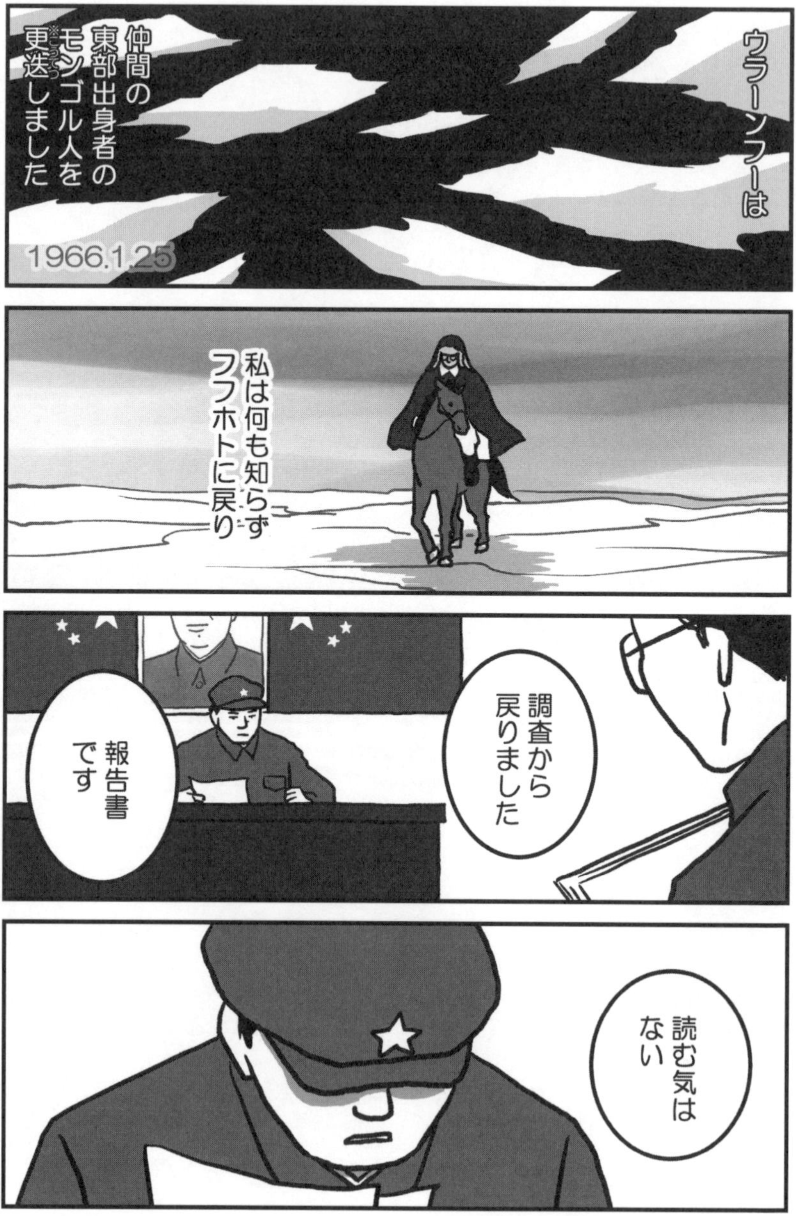
ウラーンフーは
仲間の東部出身者のモンゴル人を※更迭《こうてつ》しました
1966.1.25
私は何も知らずフフホトに戻り
調査から戻りました
報告書です
読む気はない

※役職を他の人に入れ替えること

ウラーンフーは
モンゴル語が
話せません
だからこそ
モンゴル語教育に
誰よりも熱心で
中国語と
モンゴル語が
できる私と
協力して
モンゴル語の
復興《ふっこう》運動を
進めました

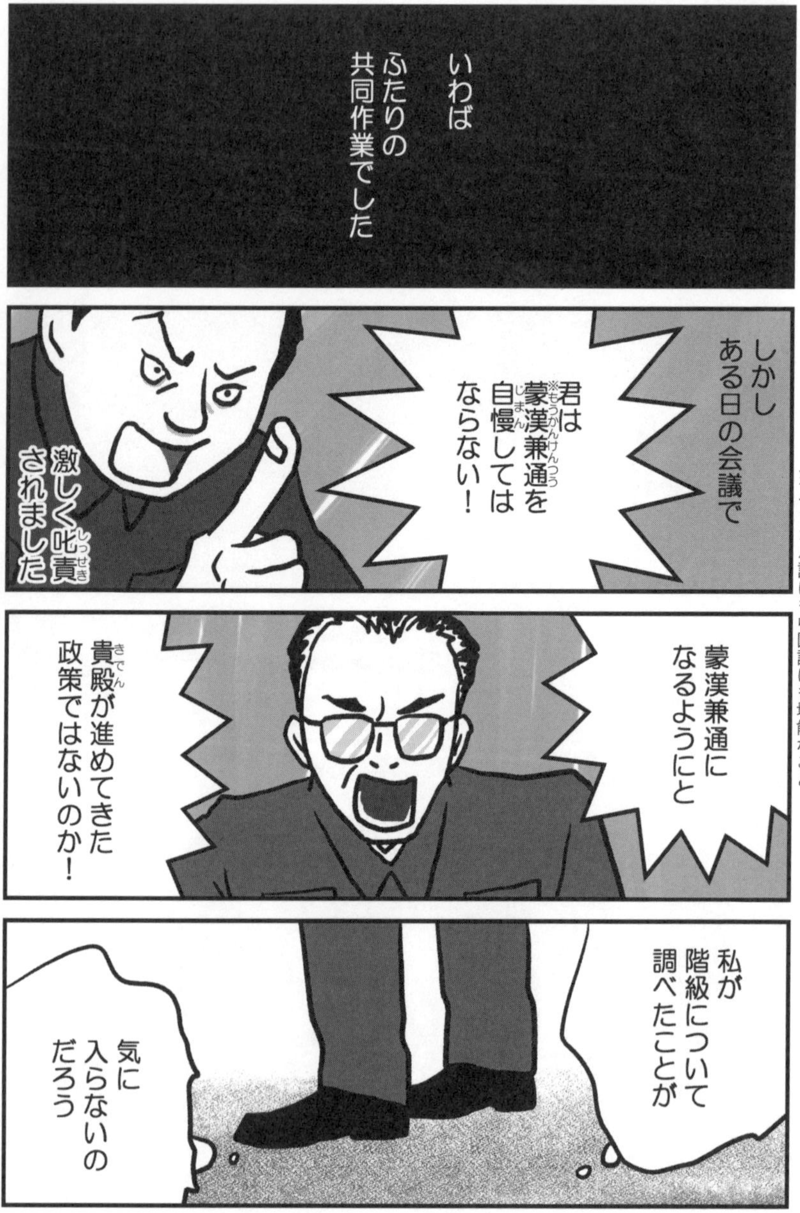
いわば
ふたりの
共同作業でした
しかし
ある日の会議で
君は
※蒙漢兼通《もうかんけんつう》を
自慢《じまん》しては
ならない！
激しく叱責《しっせき》
されました
蒙漢兼通に
なるようにと
貴殿《きでん》が進めてきた
政策ではないのか！
私が
階級について
調べたことが
気に
入らないの
だろう

※モンゴル語にも中国語にも堪能なこと

この一件から
私と
ウラーンフーが
対立している
イメージが
広がったため

漢人の手を汚さず
ウラーンフーを
失脚《しっきゃく》させる
「役目《やくめ》」として
私に
白羽《しらは》の矢《や》が
立ちました
モンゴル人を
追い落とすのは
モンゴル人で
なければならない
私は
毛沢東の
階級闘争を批判した
ウラーンフーを
追い落とす
英雄として
選ばれたのです
何年も前から
共産党幹部が
ウラーンフーに
大衆の不満を
向けさせようと
していました

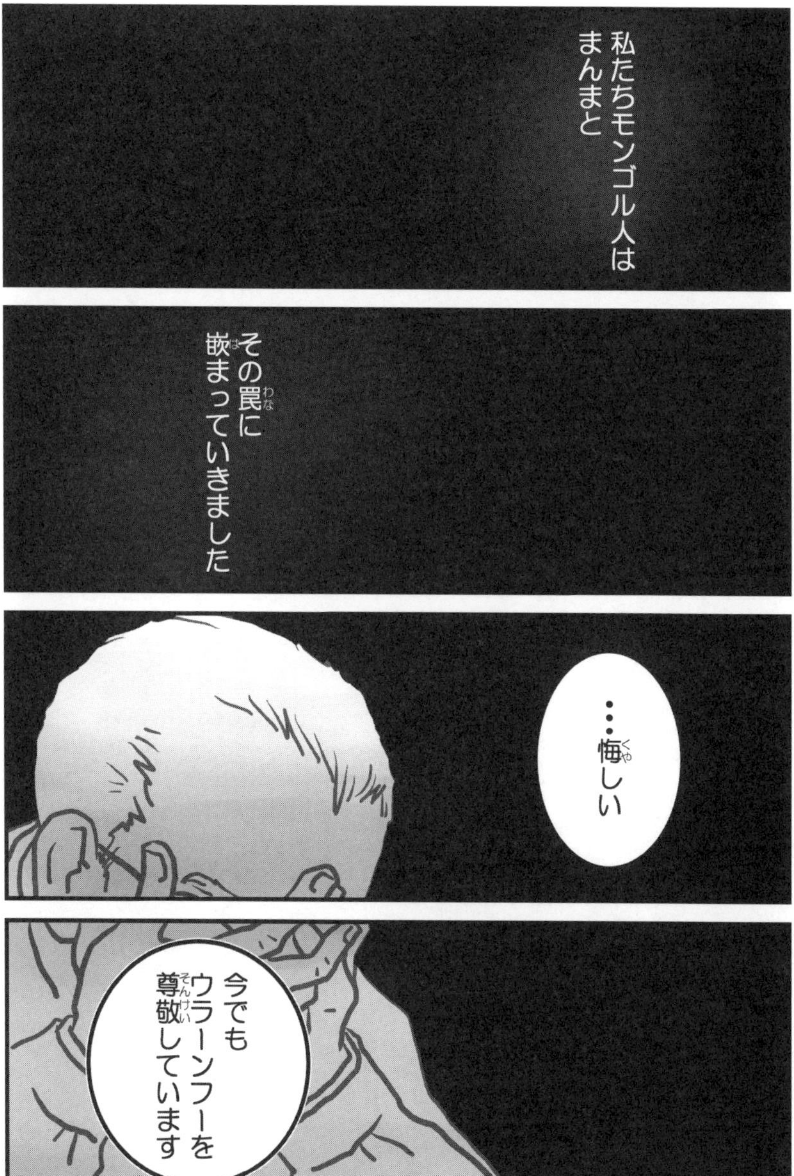
私たちモンゴル人はまんまと
その罠《わな》に嵌《は》まっていきました
…悔《くや》しい
今でもウラーンフーを尊敬《そんけい》しています

そして
そこまでした
私も
〃黒い手先〃として
抓《つま》み出されました
1967.11.24
毛沢東直々《じきじき》の
許可で
内モンゴル自治区
革命委員会の
準備委員会の
メンバーになった
ばかりでしたが
そんなことは
関係なかった
ようです
私は
「民族分裂
主義者集団」の
最初の
「反革命分子」
となり
ウラーンフー
ハーフンガに次ぐ
モンゴル人として
批判闘争《とうそう》
されるように
なりました

トグスを抓み出したのは素晴らしい革命行動だ!!
ウラーンフーの元部下たちハーフンガが率《ひき》いる手下たちの反革命集団を一掃《いっそう》せよ!!
彼らは内モンゴル人民を資本主義社会に導《みちび》き
祖国《そこく》(中国)という大家庭から分裂《ぶんれつ》させようとしている!!
私は監禁《かんきん》され
毎日のように批判闘争大会に連行されました

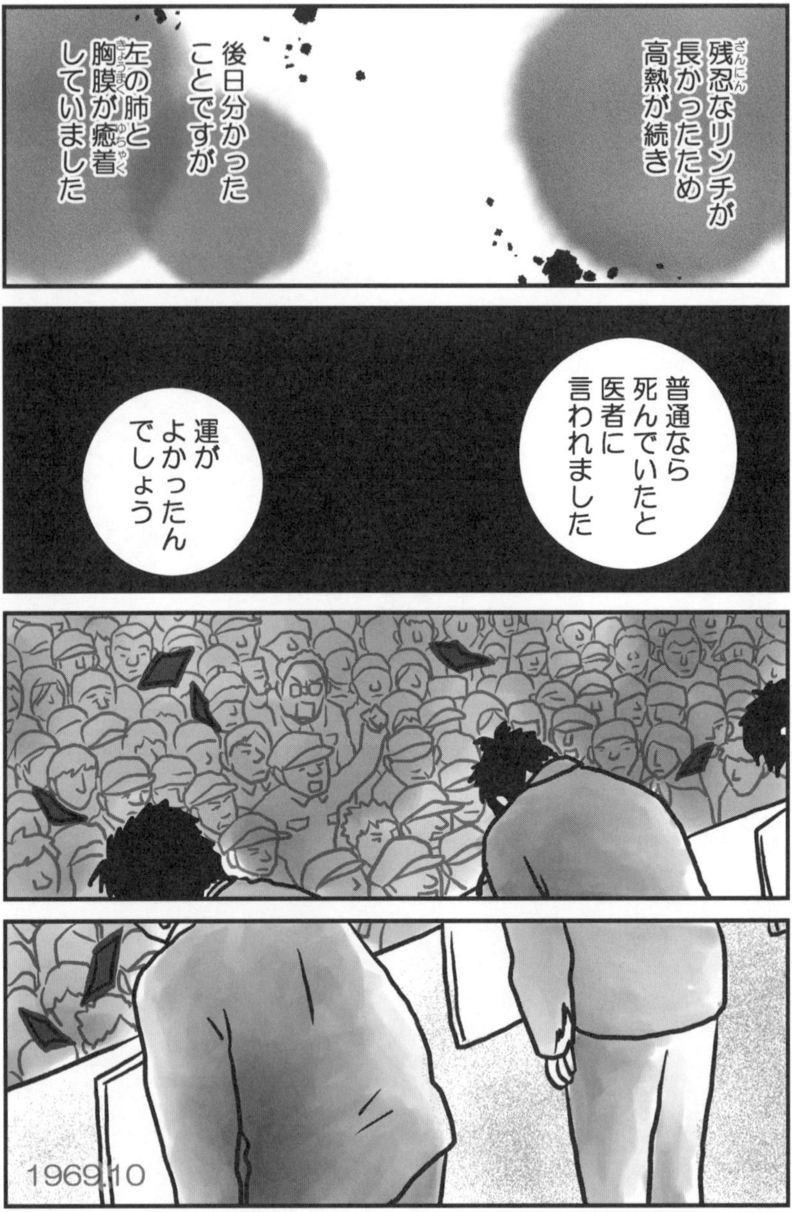
残忍《ざんにん》なリンチが
長かったため
高熱が続き
後日分かった
ことですが
左の肺と
胸膜《きょうまく》が癒着《ゆちゃく》
していました
普通なら
死んでいたと
医者に
言われました
運が
よかったん
でしょう
1969.10

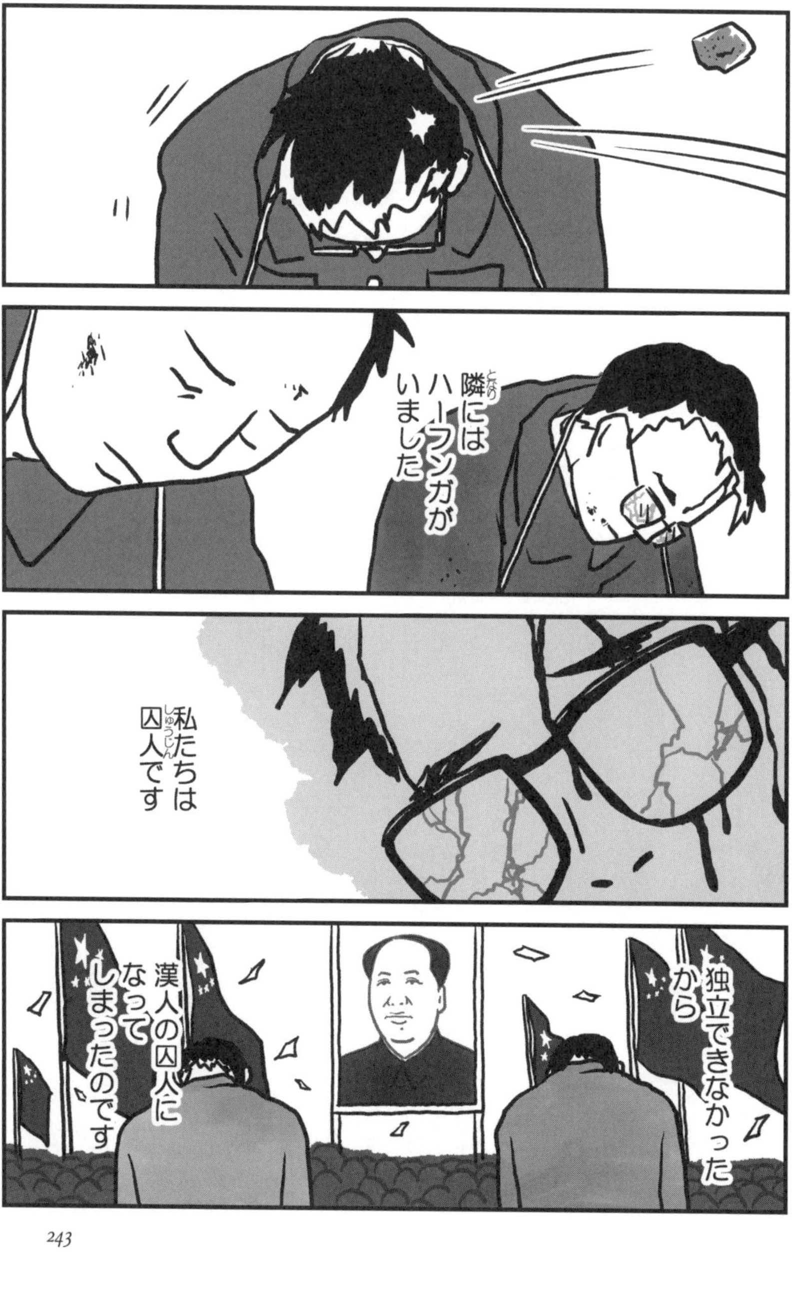
隣《となり》にはハーフンガがいました
私たちは囚人《しゅうじん》です
独立できなかったから
漢人の囚人になってしまったのです

打倒《だとう》トグス
打倒ハーフンガ
反革命分子
合豊阿
反革命
特古
民族分裂主義者め
毛主席に詫《わ》びろ！

私の妻《つま》の名は
ハスンチチク
「玉の花」という
意味です
妻は十七の時から
モンゴル人が
独立するための
民族自決運動に
参加していたり
他の社会主義国に
行ったことがある
ことから
批判闘争されました
一九六八年
三月八日夜に
大会に
連行されました
三月八日
というのは
「国際婦人デー」
です
婦人の解放の日だと
休日にし
文革中は
「女性犯人」だけを
吊《つ》るし上げました

大会の場所に行くと
監禁されていたのは
モンゴル人ばかりでした
妻は翌日まで二十四時間
リンチを受け続け
…私は内人党員では…ありません…
旦那《だんな》が内人党のボスだから
その臭《くさ》い女房《にょうぼう》も党員にちがいない
おまえの家に来る党員はどいつだ？
白状《はくじょう》しろ

妻はビルから
飛び降りました

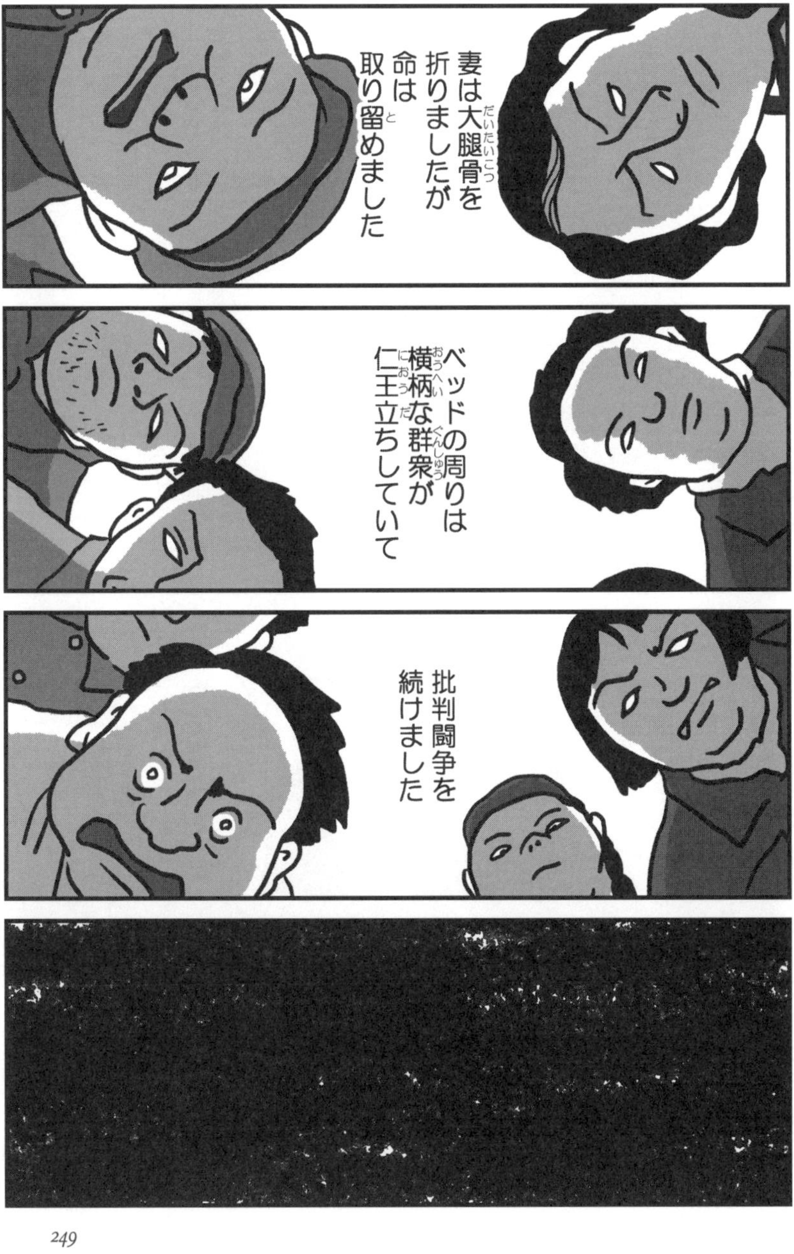
妻は大腿骨《だいたいこつ》を
折りましたが
命は
取り留《と》めました
ベッドの周りは
横柄《おうへい》な群衆《ぐんしゅう》が
仁王立《におうだ》ちしていて
批判闘争を
続けました

一九八一年中国共産党が大量の漢民族を内モンゴル自治区へ入殖《にゅうしょく》させる政策を立てたので
モンゴル人は大規模《きぼ》な反対デモを行いました
すると独立心があると東部出身のモンゴル人が更迭《こうてつ》されました
もちろん私もです
モンゴル人やチベット人が少しでも自己主張すれば
民族団結を阻害《そがい》したと批判される
中国の言う〝団結〟は漢人の利益のための政策です

私たちはモンゴル人です
こんな目にあってまでなぜ

漢人と団結しなければなりませんか

この物語は
内モンゴル自治区
フフホト市の
モンゴル人男性
トグスの
証言に基づく
2008.3

第5話 救っても救っても

―ジュテークチの物語―

漢人にモンゴル人を殺《ころ》す権利《けんり》があるならば
医師《いし》である私には
患者《かんじゃ》を助《たす》ける権利があります

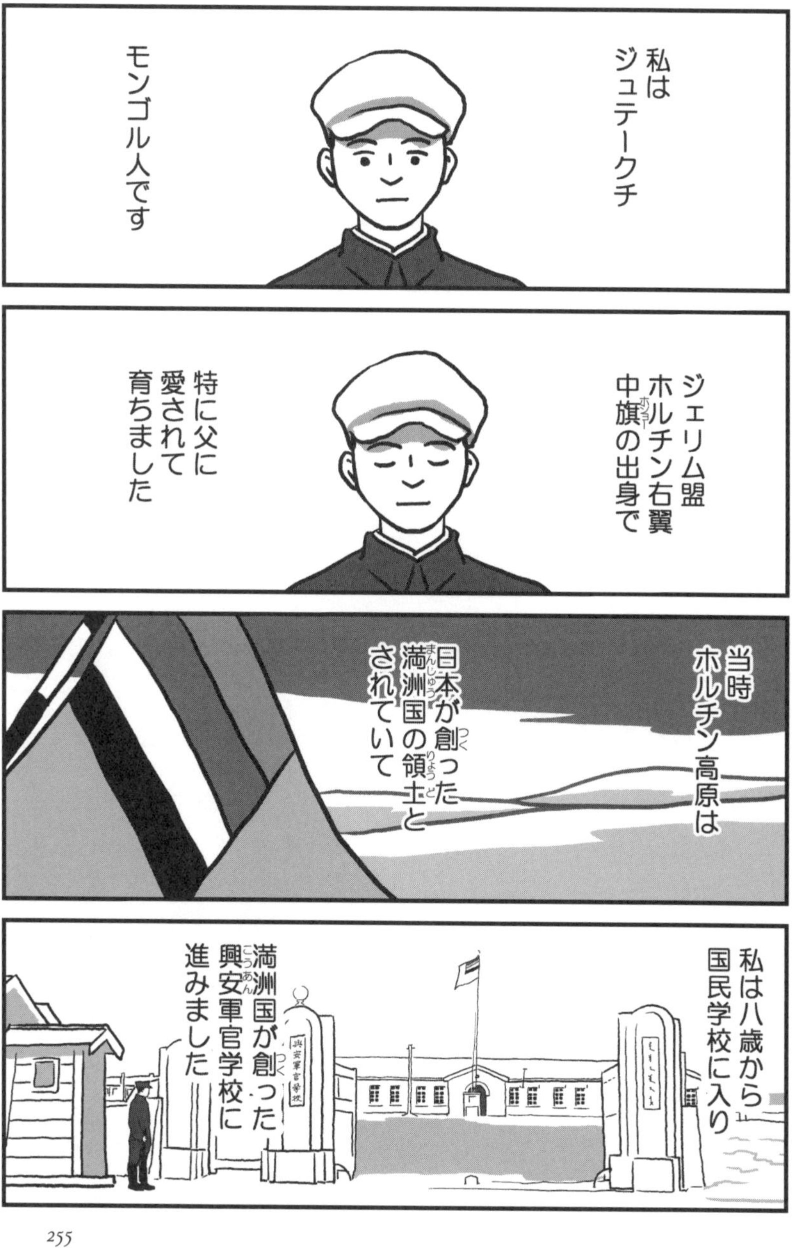

私は
ジュテークチ
モンゴル人です
ジェリム盟
ホルチン右翼
中旗《ホンヨー》の出身で
特に父に
愛されて
育ちました
当時
ホルチン高原は
日本が創《つく》った
満洲国《まんじゅう》の領土《りょうど》と
されていて
私は八歳から
国民学校に入り
満洲国が創《つく》った
興安《こうあん》軍官学校に
進みました

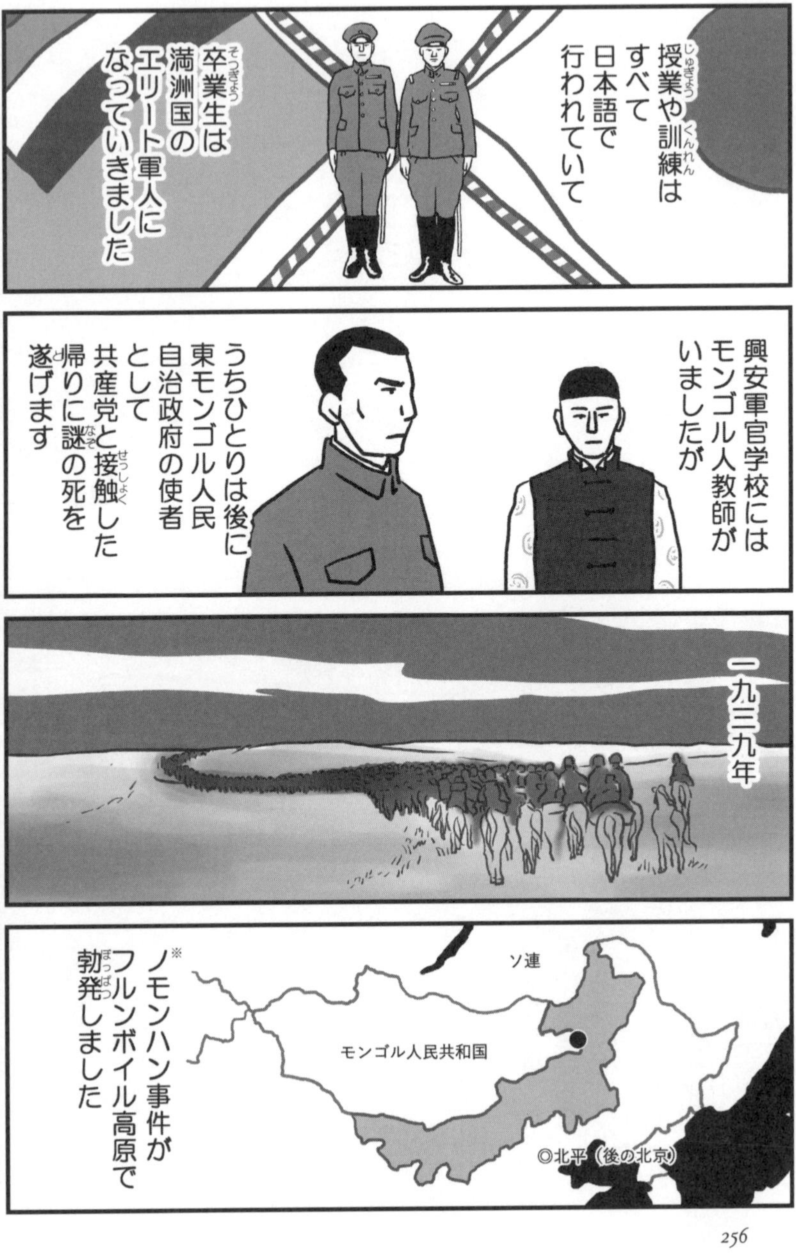
授業《じゅぎょう》や訓練《くんれん》は
すべて
日本語で
行われていて
卒業生《そつぎょう》は
満洲国の
エリート軍人に
なっていきました
興安軍官学校には
モンゴル人教師が
いましたが
うちひとりは後に
東モンゴル人民
自治政府の使者
として
共産党と接触《せっしょく》した
帰りに謎《なぞ》の死を
遂《と》げます
一九三九年
ノモンハン事件※が
フルンボイル高原で
勃発《ぼっぱつ》しました
ソ連
モンゴル人民共和国
◎北平（後の北京）

※国境警備にあたっていたモンゴル軍警備隊に対して、不法越境をしているとみなした満洲国軍警備隊が攻撃を加えたことがきっかけの紛争

私たちは日本軍として
モンゴル人のいる
ソ連・外モンゴル連合軍と戦いました
日本人はロシア人の力を過小評価《かしょうひょうか》している
モンゴル人同士が戦う必要はない・・・

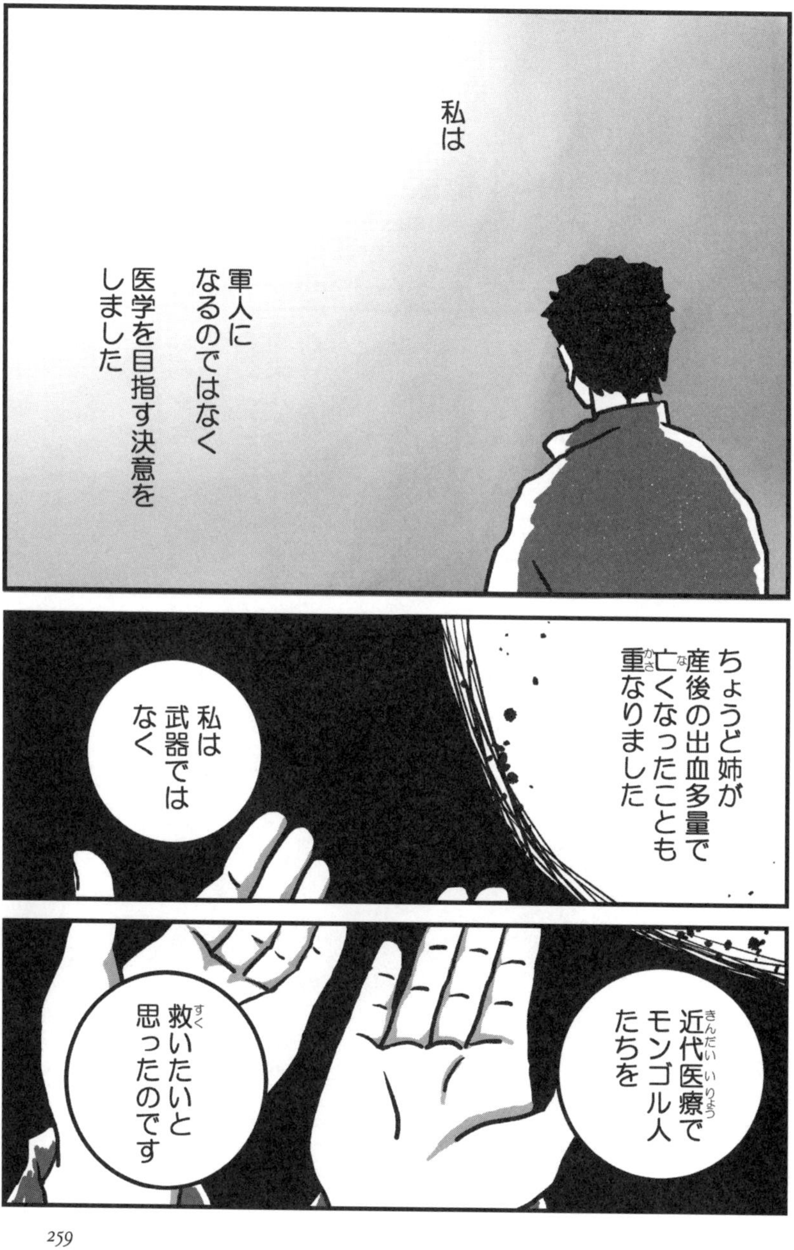
私は
軍人に
なるのではなく
医学を目指す決意を
しました
ちょうど姉が産後の出血多量で亡《な》くなったことも重《かさ》なりました
私は武器ではなく
近代《きんだい》医療《いりょう》でモンゴル人たちを
救《すく》いたいと思ったのです

ほどなく
ハルビン陸軍
軍医学校への
転入学が
認められました
学校は軍隊組織で
運営されていて
第一連隊は
日本人
第二、第三連隊は
中国人とモンゴル人
からなり
教師は全員
日本人でした
第三連隊には
共産党の秘密党員が
いて
学生の間で
密《ひそ》かに
反日運動を
進めていました

日本の敗戦後
私たちは中国共産党の軍隊に編入《へんにゅう》させられました
中には
投降《とうこう》した日本軍の医師や看護師も大量にいました
ある時私は
高熱に襲われて寝込み
熱が四十日間続いたことがありました

その間《かん》
日本人の吉田先生が
毎日のように優しく看病《かんびょう》してくれたのです
吉田先生がいなかったら
私はきっと死んでいたでしょう

一九四七年
知り合いの漢人から
お前ら
モンゴル人の
頭子《ボス》が
ハルビンに
来てるぞ
と聞きました
マデランホテル

私はそこで
はじめて
ウラーンフーと
会いました

これから
できる
内モンゴル
自治政府は
君のような
有用《ゆうよう》な人材を
必要としている
故郷に
帰って
活躍《かつやく》
してほしい
しかし
私の上司の許可《きょか》は
下《お》りませんでした

それからの私は
人民解放軍の
軍医として
数々の戦争に
参加しました
仮眠二時間で
立ちっぱなしで
手術を行う
過酷《かこく》な日々
でした

兵隊はモンゴル人ばかりでした
どんなに救っても・・・

救っても
救っても・・・
救っても
モンゴル人負傷兵《ふしょうへい》ばかりが
運ばれてきました
数々の戦闘《せんとう》の前線に
モンゴル兵を
大量に投入《とうにゅう》する
それは
モンゴル人の
勢力《せいりょく》を弱めるための
中国の謀略《ぼうりゃく》でした

朝鮮戦争
医療基地
どうして靴を持ってないんですか
・・・ああ
米軍の爆撃で落として・・・
失《な》くしてしまった

先生
裸足《はだし》じゃないですか
私は大丈夫です
大丈夫
私は直接戦場に行って
戦うわけではない

モンゴル人は
信用できないから
帰郷《ききょう》を命《めい》ずる
1950
突如《とつじょ》
私たちモンゴル人は
中国に
戻されました
※中国では
三反運動という
一見聞こえの良い
運動が大々的に
進められていて
"三反""五反"运动
三反分子
こつこつと
結婚資金を
貯《た》めていた軍隊の
上司も汚職《おしょく》だと
密告《みっこく》されました
私は
人民解放軍に
ほとほと幻滅《げんめつ》し
除隊《じょたい》しました
1952

※反汚職・反浪費・反官僚主義

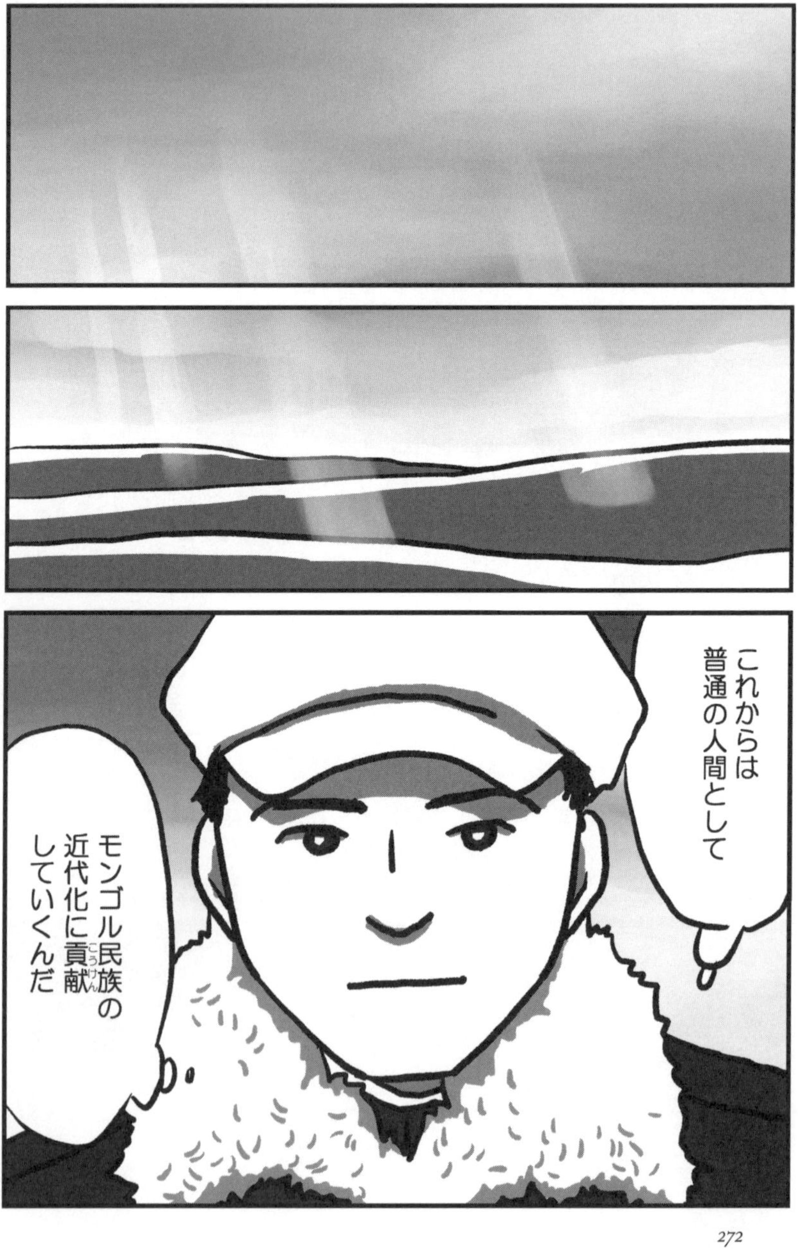
これからは普通の人間として
モンゴル民族の近代化に貢献《こうけん》していくんだ

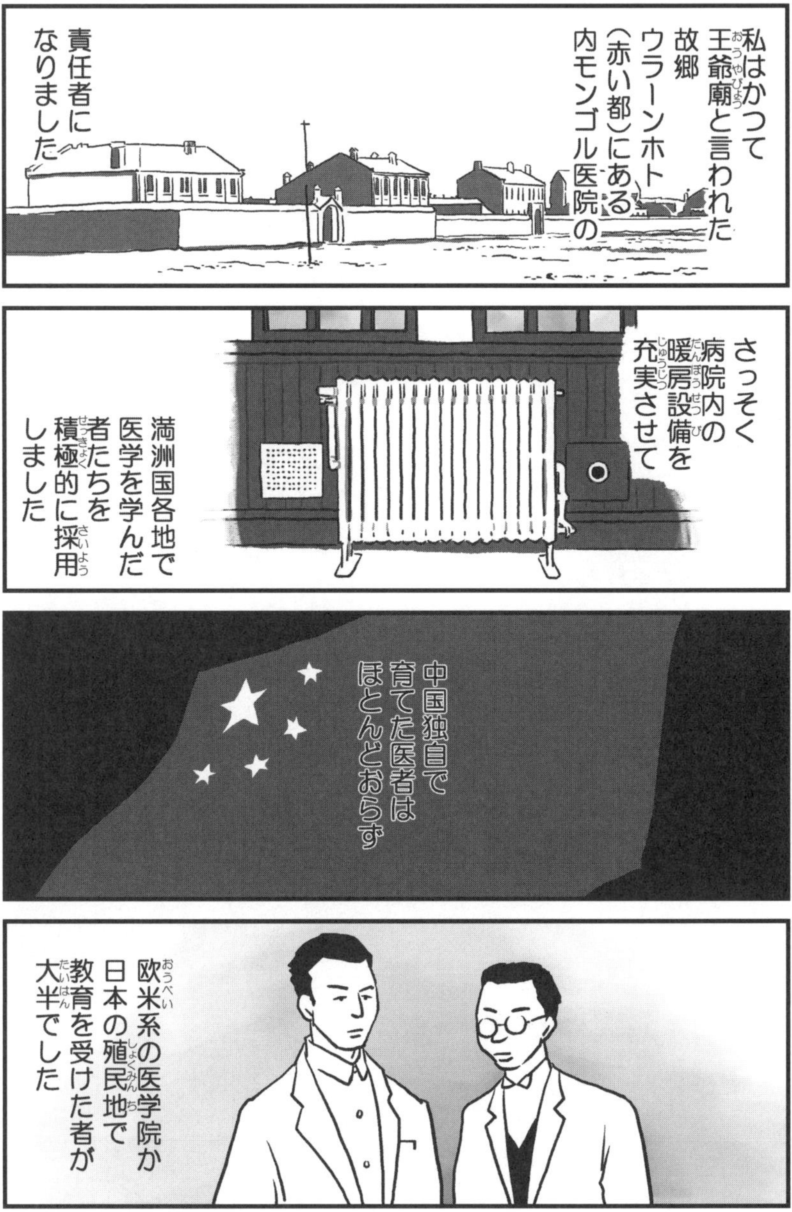
私はかつて
王爺廟《おうやびょう》と言われた
故郷
ウラーンホト
（赤い都）にある
内モンゴル医院の
責任者に
なりました
さっそく
病院内の
暖房《だんぼう》設備《せつび》を
充実《じゅうじつ》させて
満洲国各地で
医学を学んだ
者たちを
積極《せっきょく》的に採用《さいよう》
しました
中国独自で
育てた医者は
ほとんどおらず
欧米《おうべい》系の医学院か
日本の殖民地《しょくみんち》で
教育を受けた者が
大半《たいはん》でした

万里《ばんり》の長城《ちょうじょう》の南側では
漢人が数百万人単位で死んでいるそうだ
中国では政策の失敗による大飢饉《ききん》が起きていました
このことは一切報道されませんでした
内モンゴルはまだましな方でしたが
ジェリム盟だけでも千七百人が餓死《がし》しました
当時の極秘《ごくひ》情報です

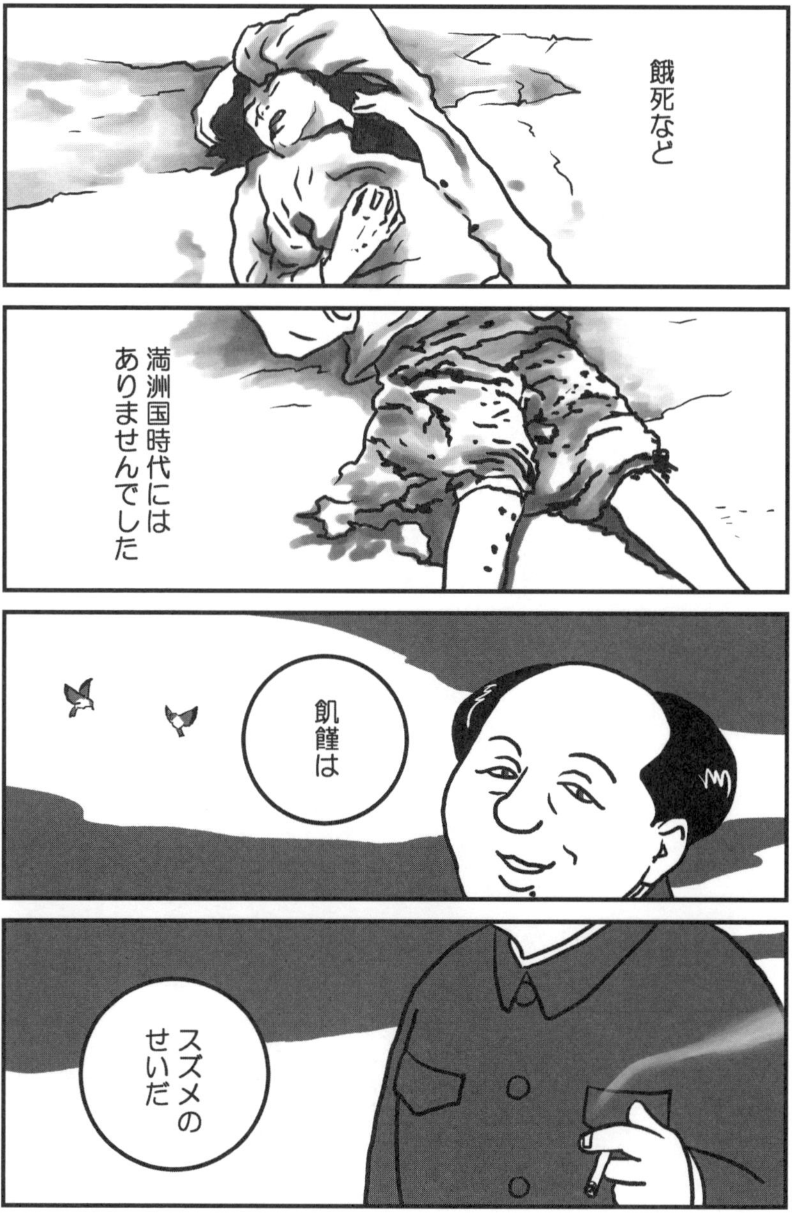
餓死など
満洲国時代には
ありませんでした
飢饉は
スズメの
せいだ

スズメを害鳥と決めつけ
政治的な全国運動を展開しました
スズメは牧草の害虫を食べてくれる必要な鳥だ
うちでは害鳥扱いしない
フルンボイル盟　盟長 奇俊山
このことによって
彼は右派認定され罪人となり
仲のよかった私も準右派とされました

日本統治時代の人材を登用《とうよう》したことや病院に暖房設備を導入《どうにゅう》したことも贅沢《ぜいたく》だと罪になりました
一方自治区の漢人高官やその家族が病院に来る時は
必ず私が指名されました
彼ら共産党指導者たちは当然の特権として
あらゆる特別で高級なものを独占していました

国民党兵士が前線で
日本軍と死闘《しとう》を
繰り広げていた頃は
ソ連から伝わった
ヨーロッパ式の
ダンスパーティに
興《きょう》じました
一九六六年
ウラーンフーが
前門飯店会議で
失脚《しっきゃく》すると

金九斗
是烏兰夫的
黑爪牙!
ジュテークチはウラーンフーの黒い手先だ！
内モンゴル医院の中に
私を批判する壁《かべ》新聞が貼《は》り出されました
そこには院内のふたりの副院長と副書記長の署名《しょめい》が入っていました

私の医術《いじゅつ》を
高く評価《ひょうか》して
登用《とうよう》していたのは
内モンゴル自治区
最高責任者
ウラーンフーです
そして
フフホト市内の
各地にも
私と
ウラーンフーが
特別な関係に
あるという
壁新聞が
貼り出されました
その書き手は
ほとんどが
漢人高官です
ついこの間まで
私を名医だと
媚《こ》びるように
病院に来ていた
人たちでした

職務停止を命じられましたが高官などの重要な手術の時だけ私が呼ばれ
〝成功させてお前の罪を洗え〟と言われました
ジュテークチ
お前を連行する

そうら
1966.7.12
まわせ
パスだ
彼らは病院で働いていた漢人労働者でした
人民の敵め
もっと蹴《け》りあげろ

牛鬼蛇神
隣には
私を批判する壁新聞を貼り出したナランゴワがいました
仲間を売って共産党に忠誠《ちゅうせい》を尽《つ》くしたとしても
免罪符《めんざいふ》にはなりません

日本のスパイめ
外モンゴルのスパイ
偽《にせ》共産党員！
ウラーンフーの走狗《そうく》！
三反分子
私に着せられたこれらの罪は成立するはずがない!!
歴史が証人だ

この野郎
証拠《しょうこ》を出せ！
ぶっ殺せ！
殺せ！
殺せ！
剥《む》いちまえ!!

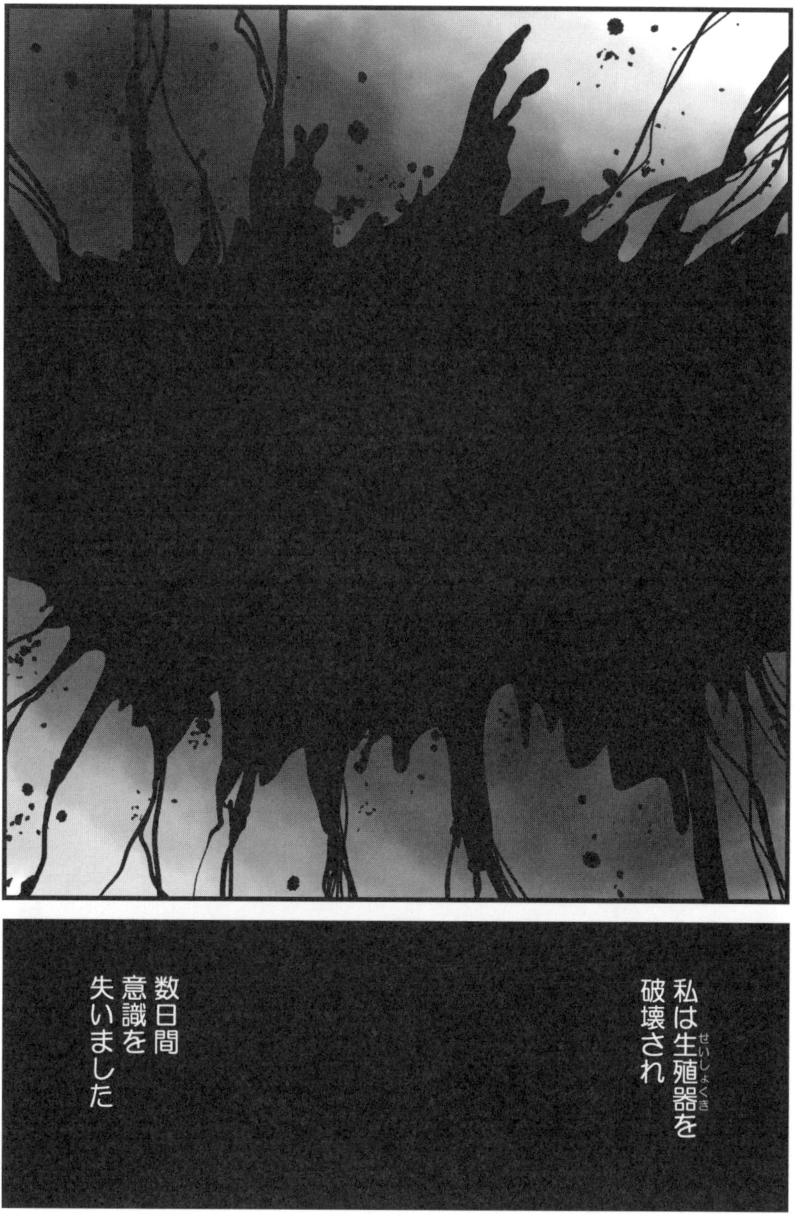
私は生殖器《せいしょくき》を
破壊され
数日間
意識を
失いました

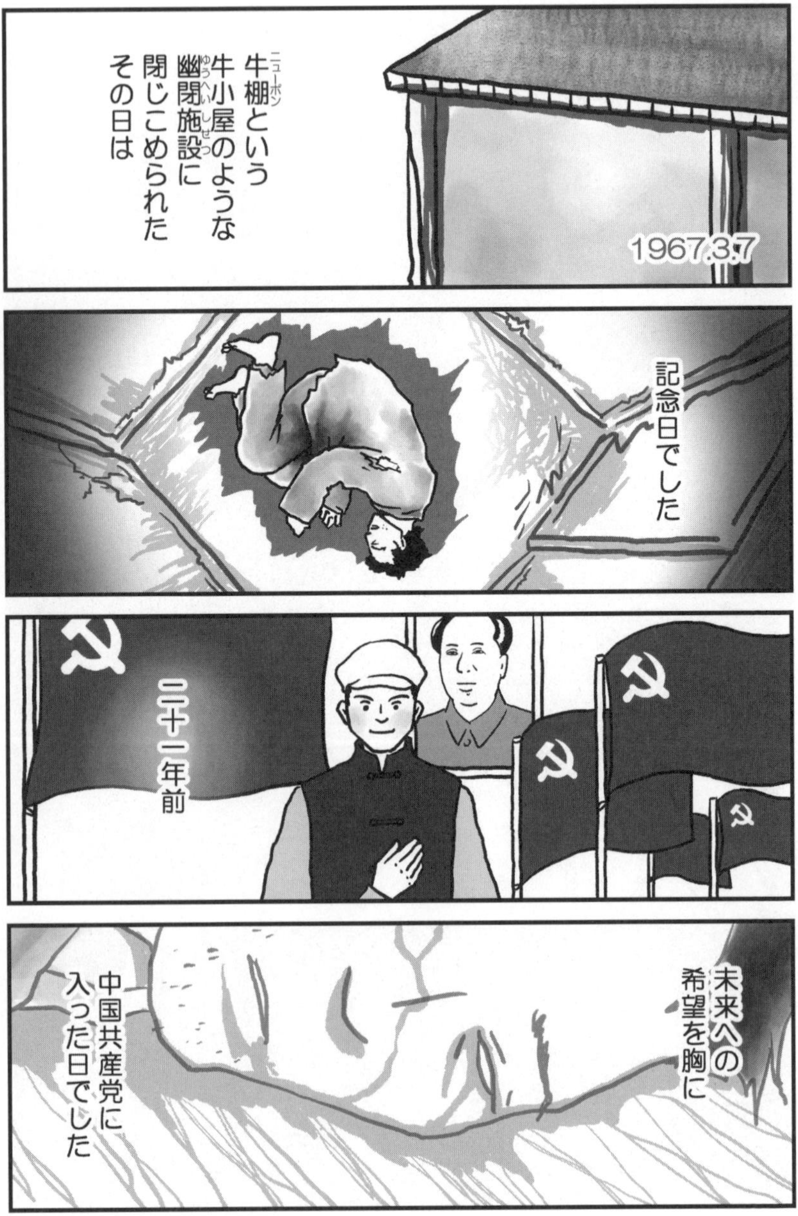
1967.3.7
牛棚《ニューポン》という
牛小屋のような
幽閉施設《ゆうへいしせつ》に
閉じこめられた
その日は
記念日でした
二十一年前
未来への
希望を胸に
中国共産党に
入った日でした

やや拡大
してしまった
毛主席万岁
1969.5.22
毛沢東の
この発言から
モンゴル人が
少しずつ
解放されるように
なりました
私も十月に
ようやく牛小屋から
出され
内モンゴル医院に
戻りました

病院には
漢人のリンチを受けたモンゴル人患者が無数にいました
モンゴル人は怯《おび》えながら
病院に来ていました

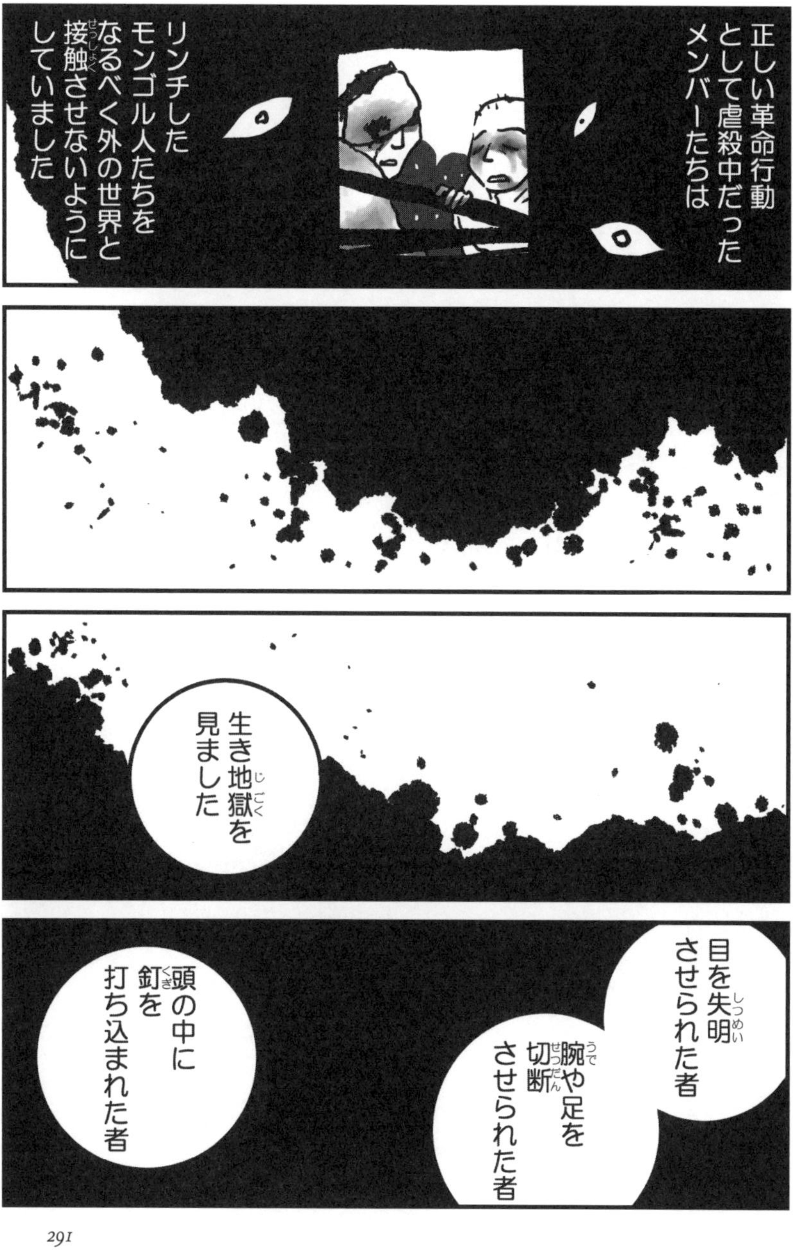
正しい革命行動として虐殺中だったメンバーたちは
リンチしたモンゴル人たちをなるべく外の世界と接触《せっしょく》させせないようにしていました
生き地獄《じごく》を見ました
目を失明《しつめい》させられた者
腕《うで》や足を切断《せつだん》させられた者
頭の中に釘《くぎ》を打ち込まれた者

漢人に舌《した》を切られたモンゴル人に
私は…
薬を出すことしかできなかったのです
金雪雲というとても美しいモンゴル人女性がいました
漢人らは彼女の髪の毛を木に縛《しば》り付けて
裸《はだか》にして長時間侮辱《ぶじょく》しました

彼女は繰り返し
強姦《ごうかん》された後に
殺害されました
私の知り合いの
小白《バガ》秀雲も
知的な女性でした
彼女は
毛沢東の指示
以降も
漢人らにレイプ
され続けた上
鉄器で腸《ちょう》が
取り出されたのです
とうとう
彼女は井戸に
身投げしました

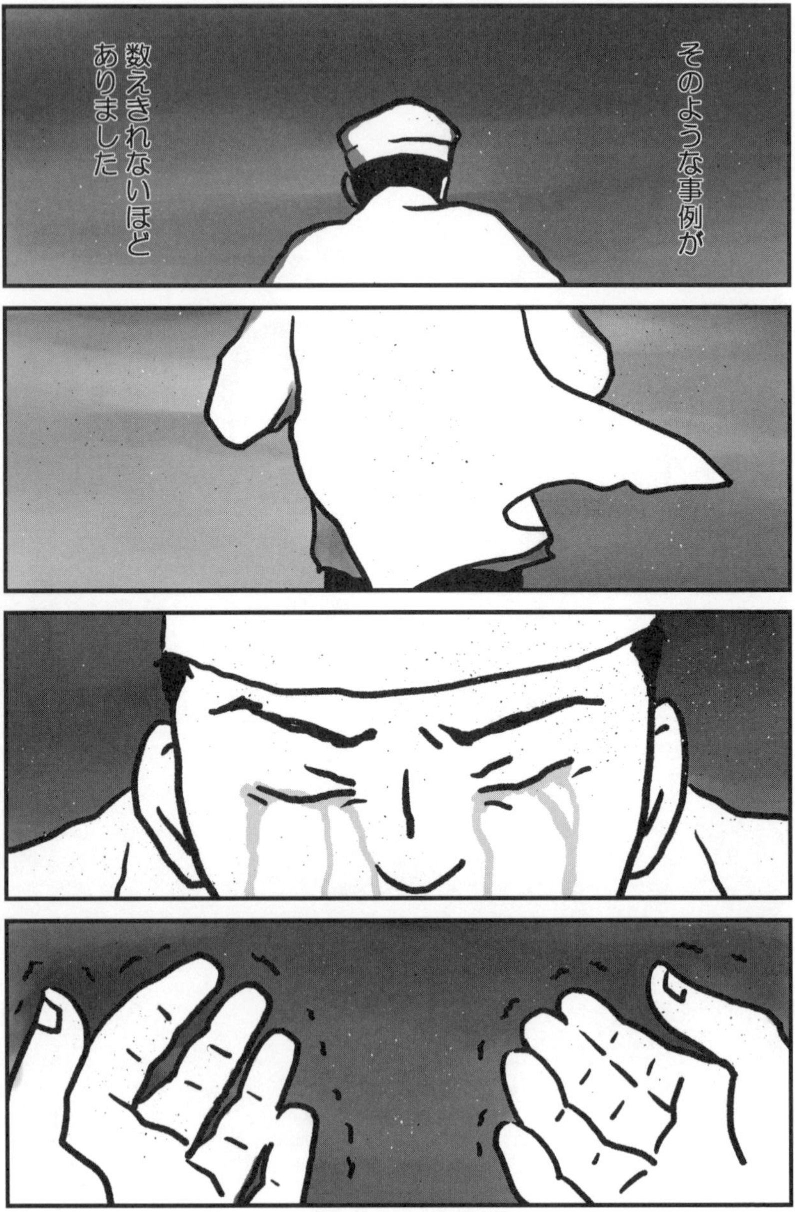
そのような事例が
数えきれないほどありました

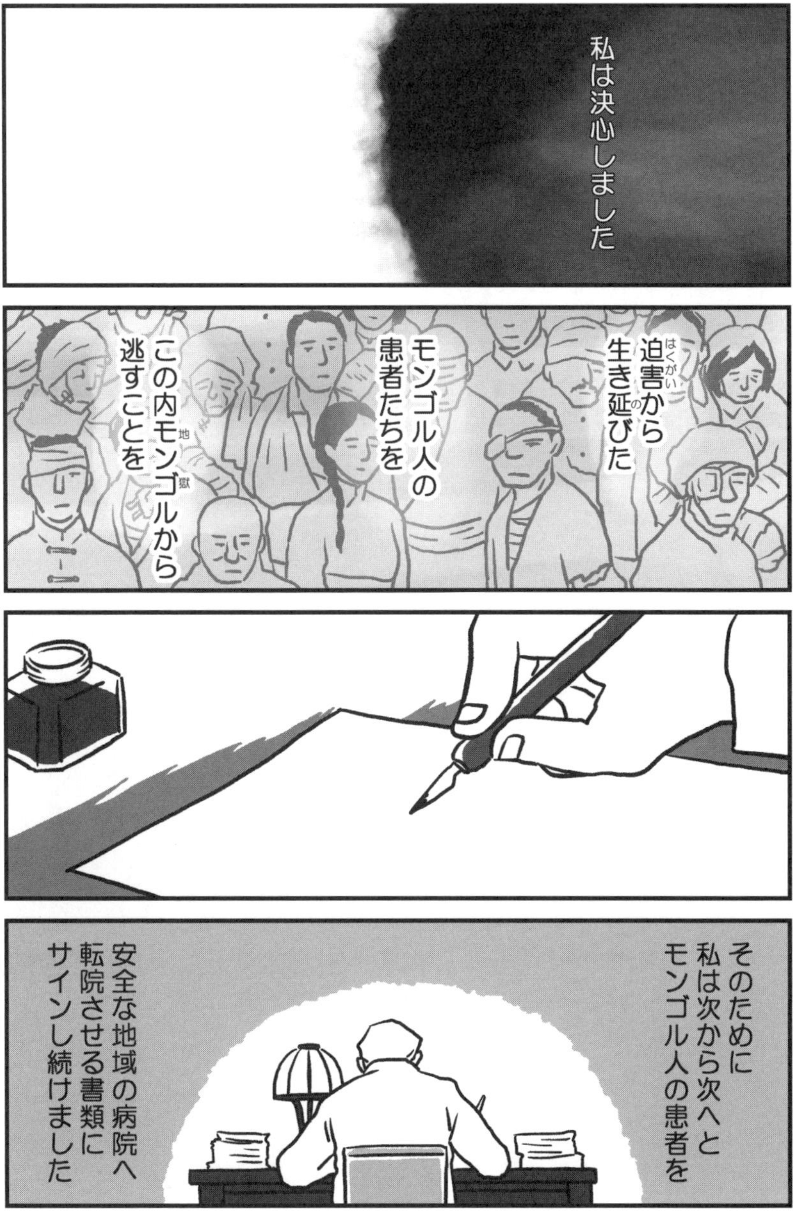
私は決心しました
迫害《はくがい》から
生き延《の》びた
モンゴル人の
患者たちを
この内モンゴル《地獄》から
逃すことを
そのために
私は次から次へと
モンゴル人の患者を
安全な地域の病院へ
転院させる書類に
サインし続けました

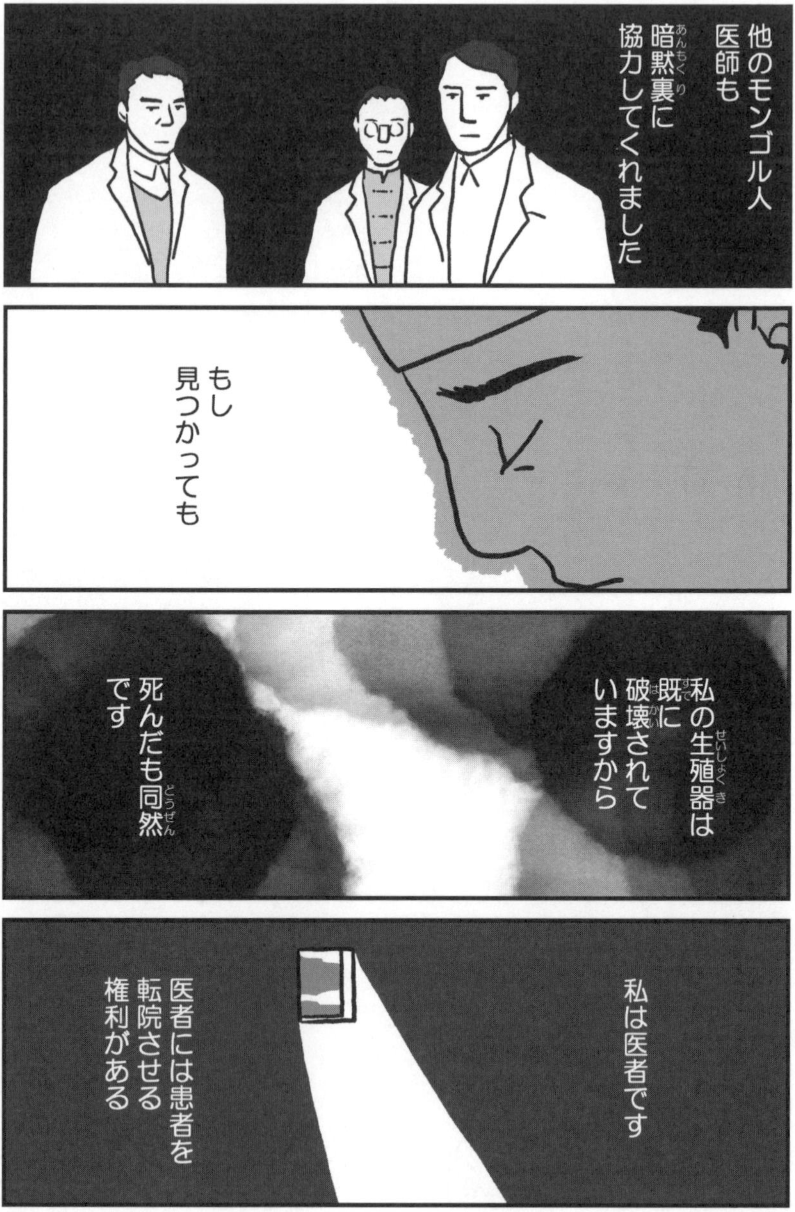
他のモンゴル人
医師も
暗黙裏《あんもくり》に
協力してくれました
もし
見つかっても
私の生殖器《せいしょくき》は
既《すで》に
破壊《はかい》されて
いますから
死んだも同然《どうぜん》
です
私は医者です
医者には患者を
転院させる
権利がある

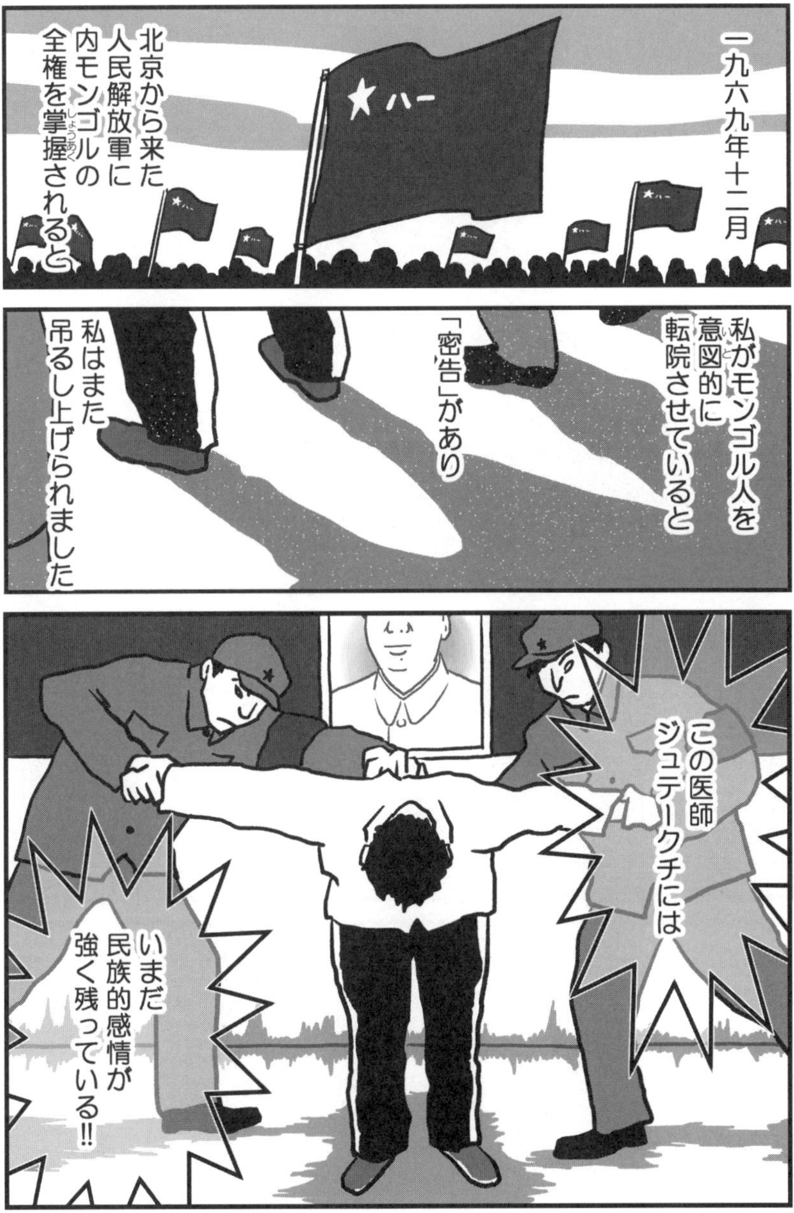
一九六九年十二月
北京から来た
人民解放軍に
内モンゴルの
全権を掌握《しょうあく》されると
私がモンゴル人を
意図《いと》的に
転院させていると
「密告」があり
私はまた
吊るし上げられました
この医師
ジュテークチには
いまだ
民族的感情が
強く残っている!!

……
モンゴル人に「民族的感情が残っている」
そんなこと当たり前じゃないか
それが罪になると言うのか!
おまえたちなど少しも怖くはない
ふざけるな!!

私は解放されてからも変わらずに
日々転院の書類にサインし続けました
いつまた逮捕されてもかまわない
するならしてみろ
毎朝今日は家に帰って来られないかもしれないと
家族に言って出勤《しゅっきん》しました
漢人に受けた暴力によって
私の右耳と右目も
不自由になりました

私たちモンゴル人には素晴らしい歴史がありますが
近代化には乗り遅れました
日本はモンゴル人に
近代的な文化と技術を教えてくれました
蒙疆學院
医学 技術 思想・・・
だからこそ大勢のモンゴル民族のエリートが一気に育った
小中高というシステマティックな教育を受けて覚醒《かくせい》していったのです

一方
中国共産党は
あまり教養のない
人々の集まりで
他人に
知識を授《さず》ける
力をそもそも
持っていません
※匪賊《ひぞく》のような
雰囲気《ふんいき》の人間が
重要な地位に
ついていました
共産党は意図《いと》的に
内モンゴルの
東部と西部の
対立を煽《あお》って
モンゴル人も
その煽動《せんどう》に
はまって
内紛《ないふん》に
陥《おちい》りました
漁夫《ぎょふ》の利を
得たのは
漢人です

※略奪・暴行を行う非正規集団

私の名は
ジュテークチです
その意味は
闘士《とうし》
しかし
私は
奴《ど》隷《れい》のような
一生を送って
きました
今も
モンゴル民族は
中国の
奴隷です

この物語は
内モンゴル自治区のモンゴル人男性
ジュテークチの証言に基づく
彼が救った
モンゴル人は
一万六千人にのぼった
ジュテークチは
モンゴルのシンドラーと
呼ばれている
2006.8.28

特別収録
モンゴリアン・メッセージ2020
Mongolian Message
2020

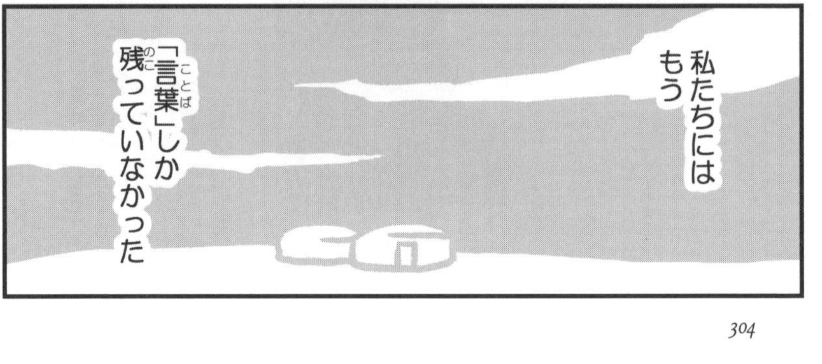
私たちには
もう
「言葉《ことば》」しか
残《のこ》っていなかった

だから今
必死《ひっし》で
戦《たたか》っている
NO! NO! NO!
China Bans Mongolian Language in Mongolian Schools !
戦後《せんご》密約《みつやく》で
中国のモノにされて

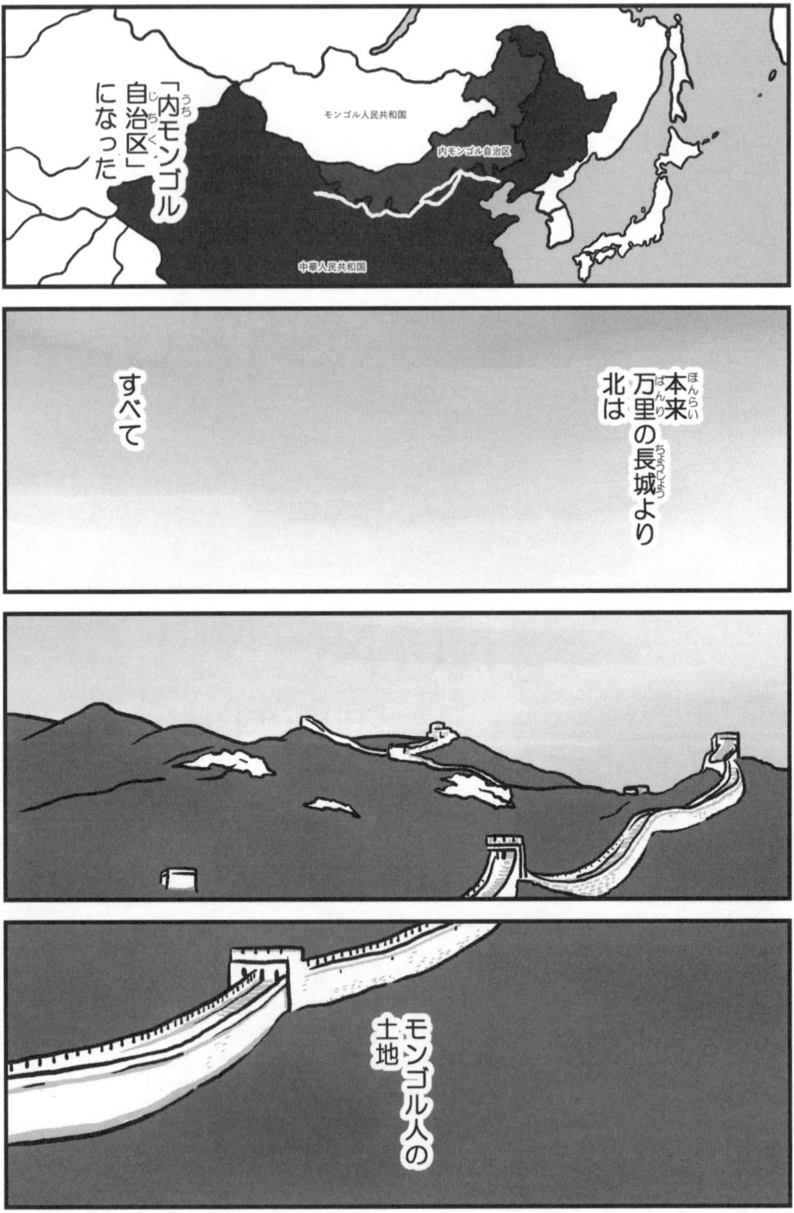
「内《うち》モンゴル自治区《じちく》」になった
モンゴル人民共和国
内モンゴル自治区
中華人民共和国
本来《ほんらい》万里《ばんり》の長城《ちょうじょう》より北は
すべて
モンゴル人の土地

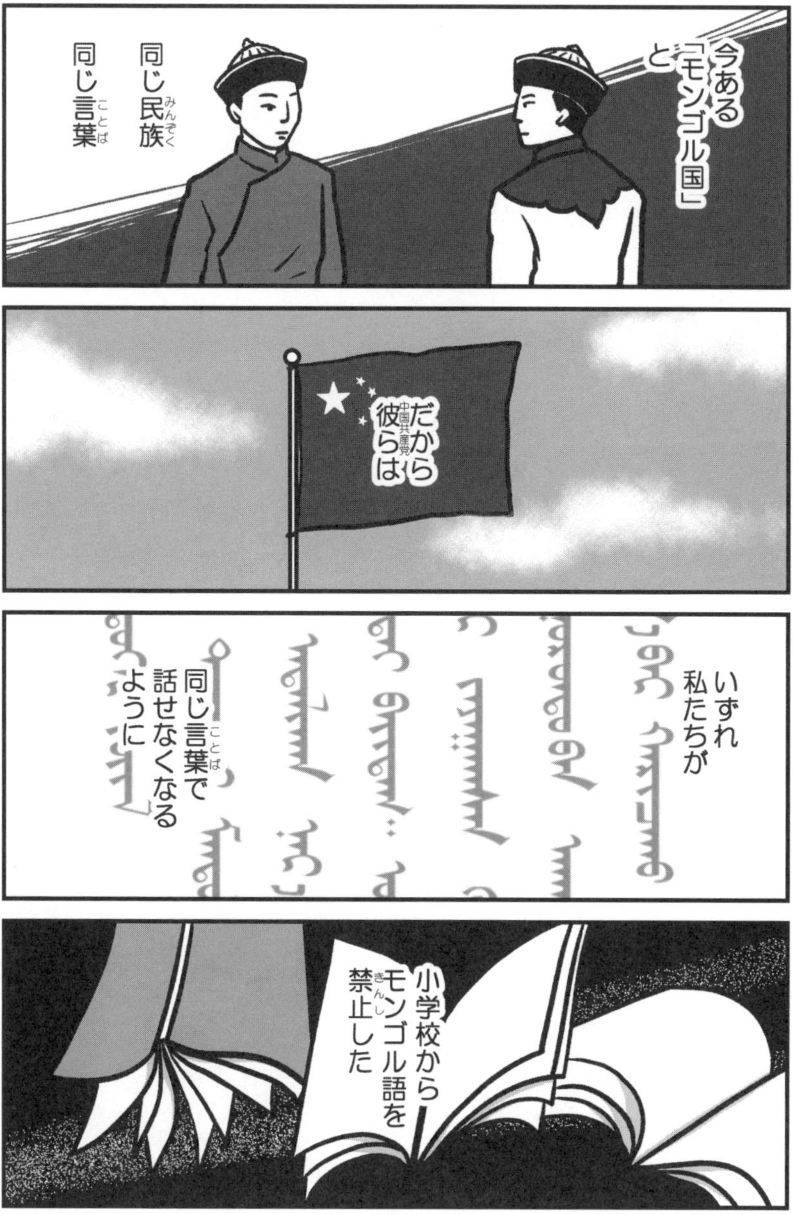
今ある「モンゴル国」と
同じ民族《みんぞく》
同じ言葉《ことば》
だから彼ら《中国共産党》は
いずれ私たちが
同じ言葉《ことば》で話せなくなるように
小学校からモンゴル語を禁止《きんし》した

50年前
文化大革命《ぶんかだいかくめい》で今まで以上にたくさんの漢人《かんじん》が流入《りゅうにゅう》してきて
言葉《ことば》にできない凌辱《りょうじょく》を繰《く》り返《かえ》した
モンゴル人は人ではなかった

畑《はたけ》には不向《ふむ》きな放牧地《ほうぼくち》を開墾《かいこん》され
草原《そうげん》の多《おお》くは沙漠《さばく》になった
夥《おびただ》しい数《かず》のモンゴル人の血《ち》が染《し》みこんだ沙《すな》が
幾星霜《いくせいそう》
黄沙《こうさ》となって日本にも届《とど》いただろう

「かつて」
「日本の満蒙政策時代《まんもうせいさくじだい》はよかった」
「日本軍《にほんぐん》の存在《そんざい》は中国人の侵略《しんりゃく》を止《と》め」
「モンゴルの土地《とち》をよく知《し》った上で」
「遊牧文化《ゆうぼくぶんか》を守《まも》った」

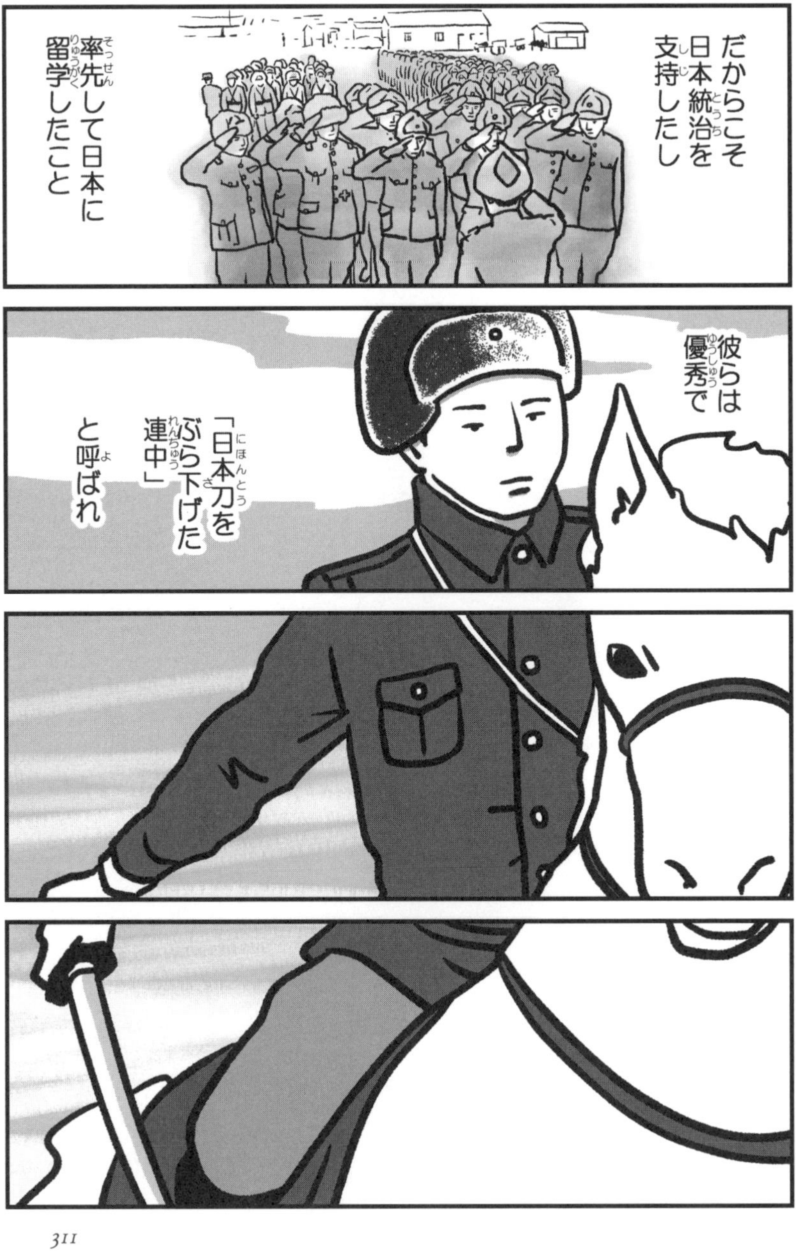
だからこそ日本統治《とうち》を支持《しじ》したし
率先《そっせん》して日本に留学《りゅうがく》したこと
彼らは優秀《ゆうしゅう》で
「日本刀《にほんとう》をぶら下《さ》げた連中《れんちゅう》」
と呼《よ》ばれ

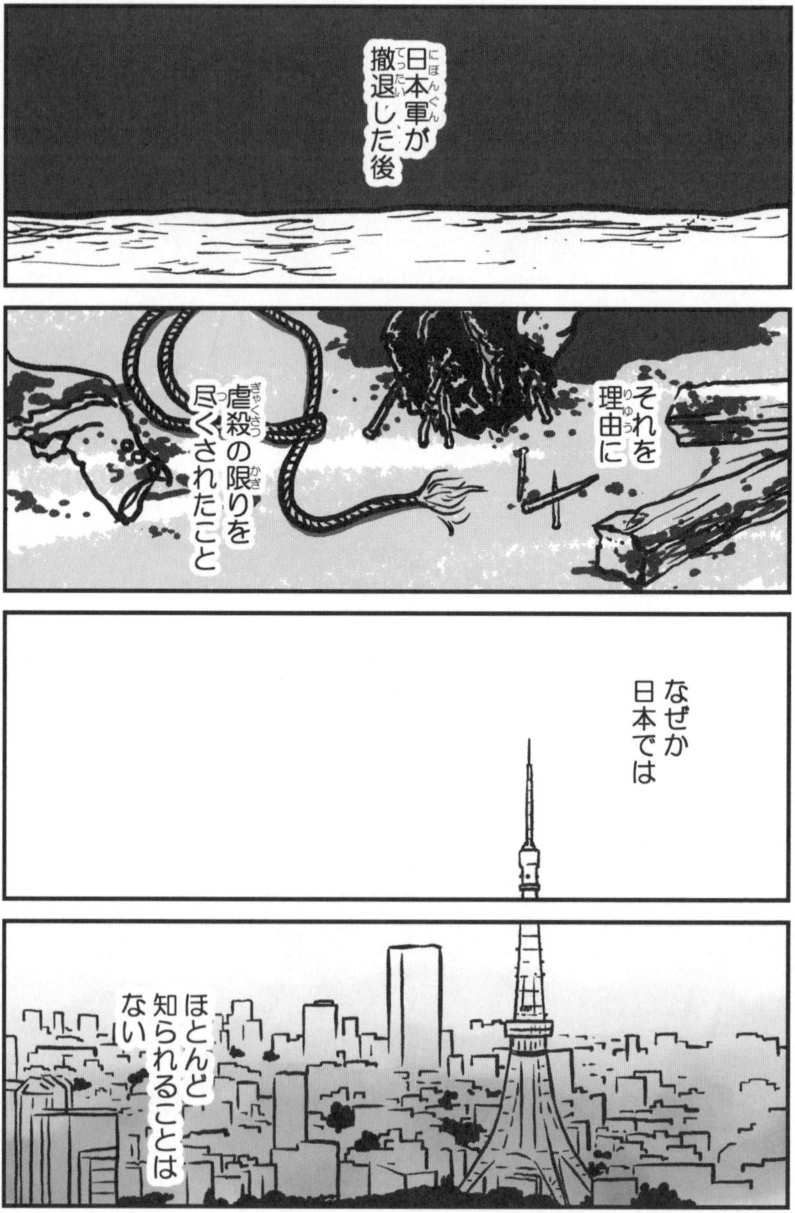
日本軍《にほんぐん》が撤退《てったい》した後
それを理由《りゆう》に
虐殺《ぎゃくさつ》の限《かぎ》りを尽《つ》くされたこと
なぜか日本では
ほとんど知られることはない

打碎旧世界
创立新世界
「革命《かくめい》」
「解放《かいほう》」
毛泽东思想万岁！
そんな美名《びめい》の下《もと》で行《おこな》われたのは
中国共産党《ちゅうごくきょうさんとう》による
モンゴル民族《みんぞく》の抹殺《まっさつ》だった
民族分裂

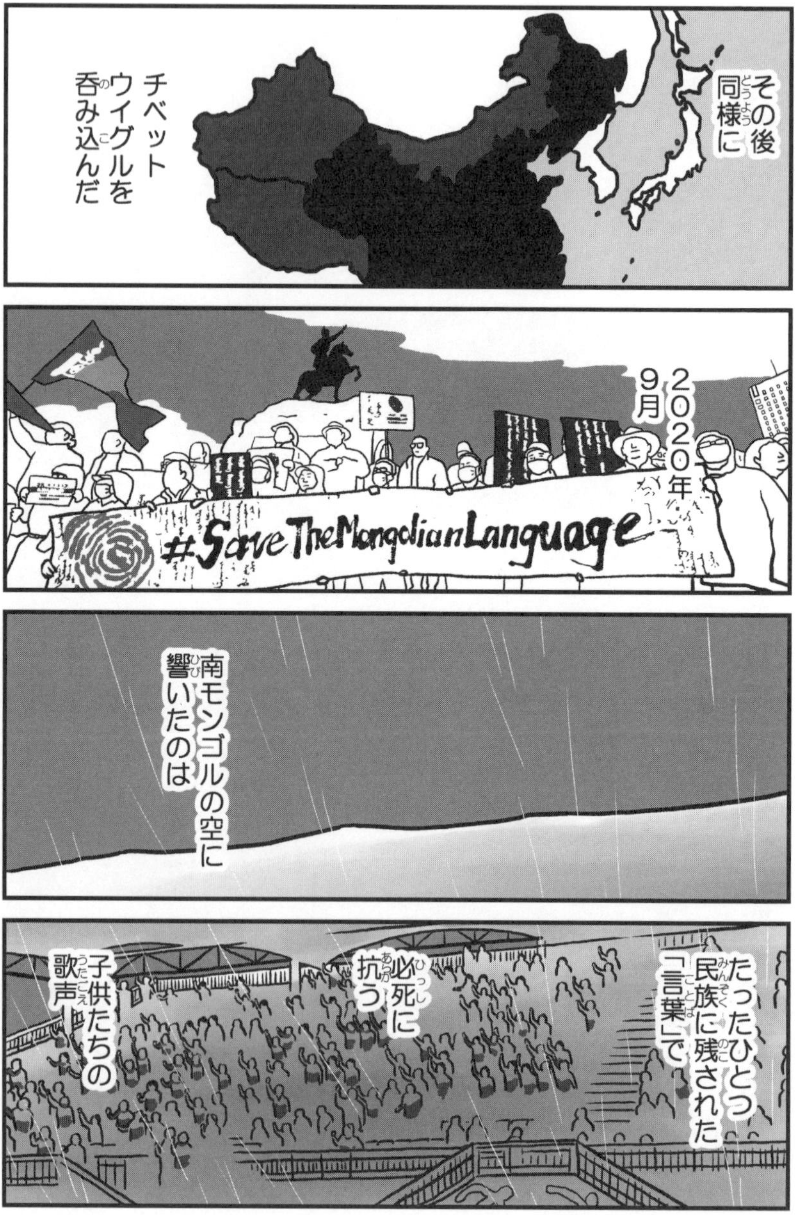
その後
同様《どうよう》に
チベット
ウイグルを
呑《の》み込《こ》んだ
2020年
9月
#SaveTheMongolianLanguage
南モンゴルの空に
響《ひび》いたのは
たったひとつ
民族《みんぞく》に残《のこ》された
「言葉《ことば》」で
必死《ひっし》に
抗《あらが》う
子供たちの
歌声《うたごえ》

参考『墓標なき草原』『モンゴル騎兵の現代史』楊海英著　https://jinf.jp/japanaward/h28meeting
https://www.nishinippon.co.jp/item/n/641592/
https://jp.wsj.com/articles/SB10837142715531234745304586609373872081008

〈原作者より〉
歴史の審判法廷への蘇生
――『墓標なき草原』の漫画版に寄せて

楊 海英（静岡大学教授）

ある「女神《ジョマ》」の死

2008年夏。

北京オリンピック開催中に私は日本から実家のある南（内）モンゴルのオルドス高原に帰省した。地元の空港に降り立つと、そこには内モンゴル自治区の治安当局の関係者がずらりと立ち並んでいた。

「いつものように歓迎してくれたのだ」、と私は苦笑いした。

1989年春に日本に留学して以来、帰郷するたびに受ける洗礼である。モンゴル人が、生まれ育ったモンゴルに帰るのに、他所から来た征服者の中国人に監視される実態である。不法の侵略者が征服者の地位に上り詰めたので、先住民を弾圧し続けているのである。
「お宅まで送るよ。あなたの安全のために」、と彼らは話す。
「私の安全を守るって？　モンゴル人がモンゴル人を襲うことはないし、むしろ、あなたたちが怖いので、誰から私を守るのか」、と私もこの種の圧力に慣れたので、言い返した。結局、私と家族は彼らの車に乗せられて、空港から200キロ離れた草原の家まで「護送」された。
「北京でオリンピックが開会中なので、テロを警戒するために私たちも仕方なく、やっているのだ」、と彼らは私の家でそう話す。
「オリンピックは北京だろう。おれが草原で爆弾を投げても、意味はないじゃん」、と返した。
なるほど。テロを防止する目的で、草原にいるモンゴル人を監視しているのだ、と私は悟った。
中国人たちが帰った後、両親は私に一つの悲劇について語ってくれた。ある少女の死である。彼女は重度の白血病を患い、北京の病院で治療を受けていた。モンゴル語の名前もあったが、北京に行く前に、チベット仏教の僧侶に勧められて、名前をジョマに変えた。ジョマとは、チベット語で女神ターラー（渡母）菩薩《ぼさつ》を指す。本家チベットでは、女の子に良く付ける名前。ターラー菩薩の御加護を受ければ、病も治るだろう、との信仰からの改名であった。敬虔《けいけん》な仏教信者だった彼女の両親はわざわざ警察署に行って戸籍上の手続きも済ませ、身分証明書でもジョマとなって、上京して入院したのである。

ところが、オリンピック開催前に少女は病院の集中治療室から追い出された。北京の警察はあらゆるホテルと病院などを捜査し、チベット人とウイグル人を片っ端から追放していた。「テロリスト」と見なされていたからだ。少女はモンゴル人であっても、名前がチベット風だったから、有無を言わさずに草原へ帰るよう命じられた。身分証明書にちゃんとモンゴル人と書いているのではないか、と彼女の両親が説明しても意味はなかった。草原に追い帰されたジョマは間もなく亡くなった。

少女ジョマの死と草原で監視される自分の理不尽な現状を再認識した私は日本に

帰ってから、モンゴル人がたどってきた悲劇の歴史について書こう、と決心した。1年後の2009年暮れに完成したのが、『墓標なき草原　内モンゴルにおける文化大革命・虐殺の記録』（上・下巻、岩波書店）である。

民族の悲劇の入魂

私は1991年からずっと南モンゴル各地で文化大革命に関する証言と第一次資料を集めていたので、執筆は順調に進んだ。

1966年から10年もの間、モンゴル人は筆舌に尽くせないほどの暴力を受けた。女性たちは凌辱《りょうじょく》され、男たちは殺害された。当時、150万人弱だったモンゴル人社会で、34万人が逮捕され、2万7900人が殺され、12万人が身体障碍者となった。

政府によって操作された数字をモンゴル人は誰も信じていない。加害者は中国人、すなわち漢民族であり、北京などから派遣されてきた人民解放軍も急先鋒となり、組織的な犯罪が長期間にわたっておこなわれた。中国政府は大量虐殺がスムーズに進むよう、1962年、つまり、4年も前から用意周到に世論を醸成《じょうせい》し、「モンゴル人は民族全体として信頼できない」「偉大な祖国から分離独立しようとしている」という雰囲気をつくった。政府が創出した社会環境の中で、一般の中国人たちが共産党幹部・人民解放軍と協同で殺戮《さつりく》と性犯罪を働いたのである。

書きながら、私は何回も研究室で泣いた。調査ノートと資料を読み返しているうちに、涙が落ちていたのを覚えている。私の両親、そして幼かった私も含めて、モンゴル人が受けてきた数々の暴虐が蘇《よみがえ》り、体系的な歴史となって、私の文章と化していっているのではないか。私が書いているというよりも、犠牲者たちの魂と、殺戮、凌辱された人たちの叫びが、私の筆を突き動かしている、と感じるようになった。

書きなさい！

私たちの悲劇を伝えなさい！

と草原に散った無数の魂が私の体内に入り込んできている、と痛感した。

「この著作を書いた目的は何か」、と出版後にメディアの取材を受け、そう尋ねられた。

「私が書いたのではなく、草原を彷徨《さまよ》い続けている、モンゴル人たちの魂と声が文字になっただけだ」、といつもそのように答えてきた。

その点は今も変わらない。というのも、どの被害者も、実に論理的に自らの経験を体系的に語ったので、私は文字起こしをしただけである。古代から叙事詩を語る伝統を持つモンゴル人ならではの記録と歴史である。当事者たちの証言は中国政府の公的な記録と驚異的に合致していたので、否定できない歴史である。

歴史の審判法廷としての漫画

拙著の物語は当事者の証言であるゆえに、どれもモンゴルの現代史、中国によるジェノサイド史、そして日本とモンゴルの関係史である。モンゴル人が蒙《こうむ》った悲劇であるが、日本との関係は清々《すがすが》しく、ユーラシアの草原を駆け巡る一陣の風のように感じる。それこそ、モンゴル人と日本人が創出した世界史である。対照的なのは、陰謀と暴力の化身《けしん》のような中国という悪魔の存在である。

モンゴル人ジェノサイドの歴史はすぐにでも映画化できる、と読者たちは感想を寄せてくれた。実際、拙著のいくつかの章はモンゴル国でドキュメンタリー映画にもなった。

もっと多くの日本人読者に歴史の真実を届けたい、と考えた私は2020年初夏、清水ともみさんに思いきって連絡してみた。清水さんは当時、ウイグル人の証言漫画に取り組み、世界的に高く評価されていた。言い換えれば、ウイグル人が受けていた現在進行形のジェノサイドの実態が世界中にリアルに知られるようになったのは、清水さんの作品の力もあった、と私は理解している。

現在進行形のウイグル人ジェノサイドと、私たちモンゴル人が文化大革命中に経験した歴史とは完全に重なっている。そして、時を同じくして、中国は内モンゴル自治区でモンゴル語教育を廃止する政策を打ち出した。ジェノサイドの生き残りの存在も許せなくなってきたのではないか。肉体的に殺害すると同時に、母語を奪い、中国人との混血を強制することで、モンゴル人とウイグル人を根こそぎ抹消しようとしている。そのやり方は、ナチス・ドイツのホロコーストよりも巧妙である。

清水さんは多忙にもかかわらず、私の我ままを聞き入れてくれた。毎回、ストーリーを再現するために、私たちは何回も打ち合わせを重ねた。

私は清水さんの画風が好きである。草原の息吹《いぶき》が活写された画風である。

清水さんの漫画を読むと、中国によって殺害されたモンゴル人たちが草原の奥から歴史の審判法廷に向かって歩いてくるように感じる。彼ら・彼女たちは漫画という正義の舞台に立ち、中国によるジェノサイドの実態について証言している。読者の皆さんは、ジェノサイドの犯罪者である中国を裁く正義の裁判官になる。こうして、今まで墓標一つ建っていなかったモンゴル草原に、鎮魂の墓標が建つに違いない。

本書の表紙を飾ったのは、私の母親である。正義を貫く生き方を教えてくれた母もきっと天国で喜んでいると信じている。

《謝辞》

単著の時には版を重ね、後に現代文庫に加えてくださった岩波書店の方々に感謝の気持ちを伝えたい。産経新聞『正論』誌上で掲載の機会を与えてくれた編集部の皆さまにも深謝を申し上げる。そして、ワック出版社の方々が一冊の本として公刊する決断をなさったことに感謝したい。最後に、強靭《きょうじん》な意志を持ち、美しい作品に仕上げた清水ともみさんに心から感謝の意を述べる。

楊海英著『墓標なき草原　内モンゴルにおける文化大革命・虐殺の記録』（上・下）（岩波現代文庫）

あとがき　「地獄とは、この地上にあるのではないか」

２０２０年、ウイグル証言漫画の原稿に取り組んでいた最中、楊海英先生からご著作の漫画化のお話をいただきました。中国による民族弾圧が内モンゴルから始まったことは、それまで知りませんでした。私は消化できない量の事実と凄惨《せいさん》なエピソードの数々に何度も打ちのめされました。数頁読んでは精神を休めないと先に進めない、吐き気……と、その繰り返し。「地獄とは、この地上にあるのではないか」と思えました。

そんな虐殺の時空を生きた楊先生自身が、内モンゴルの生き証人たちに話を聞き、そのデータをともにまとめたのが『墓標なき草原』です。中国の対応を見れば、この仕事は命がけでされたものです。当時の大陸での組織体制など日本人には理解しづらい部分もありますが、私は彼らの肉声をより広く伝えることは絶対的に必要だと思いました。何より、かの地には満洲国をつくり、防共回廊構築に働いた日本が深くかかわった歴史も眠っています。これは日本人である私がやらなくてはならないと決意しました。

『命がけの証言』などのウイグル証言漫画と同様、私はただの伝え手です。民族問題の作品は常に、私の作品であって私の作品ではありません。虐殺された民族の無念の声なのです。それをひとりでも多くの方に伝えるため、漫画という形がとても有効でした。

今回のお話では内モンゴル自治区の最高責任者であったモンゴル人、ウラーンフーのストーリーと、4人の証言をお伝えしました。しかし内モンゴルの草原には、まだまだ数えきれないほど悲劇的な物語があります。

ストーリーの構成上、こぼれ落ちてしまったエピソードも多々あることをお許しください。ぜひ原作を。また、「モンゴリアン・メッセージ 2020」は資料を読み込む中、内モンゴルでモンゴル語教育が禁止された事件を受け描いたものです。

内モンゴルの人口比率は、漢人8割、モンゴル人が2割弱にまでなり、侵食が進んでいます。漢人移民による虐殺の上に実効支配が進んだ土地のモンゴル人から、最後の砦《とりで》である母語、モンゴル語までも奪おうというのです。抗議を行った親は仕事を奪われたり、子供たちは学校に監禁されたり、亡くなった教師もいました。ウイグルでも言葉が奪われ、強制収容所で親子が引き離され、強制不妊などの民族抹殺が進められています。つまり、この本の中の50年前のお話は過去のことではなく、同様の手法を使って今も現在進行形であり、拡大しているのです。中国のやり方を知ってください。

モンゴルについて白紙な私に資料を授け、想像以上に時間がかかってしまっても、あたたかく見守ってくださった楊先生、いち早く書籍化を決めていただいたワック出版編集部、掲載の形で周知にご協力いただいた月刊『正論』編集部、SNSで拡散いただいた全ての皆様に感謝申し上げます。

令和5年12月

清水ともみ

清水ともみ（しみず　ともみ）
静岡県出身。1997年、講談社『Kiss』にてデビューし、作家活動を始める。子育てに専念した後、イラスト動画制作に携わる。2019年4月にウイグル弾圧の実態を描いた『その國の名を誰も言わない』、同年8月に『私の身に起きたこと～とあるウイグル人女性の証言～』をTwitterにて発表。大きな反響を得て、海外を中心に多くのメディアが紹介。米国務省の広報HPなどに掲載される。著書『私の身に起きたこと　～とあるウイグル人女性の証言～』（季節社）、『命がけの証言』（ワック）。

楊 海英（よう かいえい）
1964年、南モンゴル、オルドス高原生まれ。89年、日本に留学。文化人類学の研究に勤しむ。『墓標なき草原』で司馬遼太郎賞、『チベットに舞う日本刀』で国基研・日本研究賞受賞。著書多数。現在、静岡大学教授。

墓標《ぼひょう》なき草原《そうげん》 哀《かな》しみの記憶《きおく》

2024年１月28日　初版発行
2024年２月３日　第２刷

著　者　清水ともみ・楊 海英

発行者　鈴木　隆一

発行所　ワック株式会社
東京都千代田区五番町4-5　五番町コスモビル　〒102-0076
電話　03-5226-7622
http://web-wac.co.jp/

印刷製本　大日本印刷株式会社

ISBN978-4-89831-972-7